PODER POLÍTICO NA CÂMARA DOS DEPUTADOS

IMPACTOS ELEITORAIS DO DISTRIBUTIVISMO

TARCÍSIO AUGUSTO SOUSA DE BARROS

Prefácio
Eneida Desiree Salgado

Apresentação
Rodolfo Viana Pereira

PODER POLÍTICO NA CÂMARA DOS DEPUTADOS

IMPACTOS ELEITORAIS DO DISTRIBUTIVISMO

Belo Horizonte

2022

© 2022 Editora Fórum Ltda.

É proibida a reprodução total ou parcial desta obra, por qualquer meio eletrônico, inclusive por processos xerográficos, sem autorização expressa do Editor.

Conselho Editorial

Adilson Abreu Dallari	Floriano de Azevedo Marques Neto
Alécia Paolucci Nogueira Bicalho	Gustavo Justino de Oliveira
Alexandre Coutinho Pagliarini	Inês Virgínia Prado Soares
André Ramos Tavares	Jorge Ulisses Jacoby Fernandes
Carlos Ayres Britto	Juarez Freitas
Carlos Mário da Silva Velloso	Luciano Ferraz
Cármen Lúcia Antunes Rocha	Lúcio Delfino
Cesar Augusto Guimarães Pereira	Marcia Carla Pereira Ribeiro
Clovis Beznos	Márcio Cammarosano
Cristiana Fortini	Marcos Ehrhardt Jr.
Dinorá Adelaide Musetti Grotti	Maria Sylvia Zanella Di Pietro
Diogo de Figueiredo Moreira Neto (*in memoriam*)	Ney José de Freitas
Egon Bockmann Moreira	Oswaldo Othon de Pontes Saraiva Filho
Emerson Gabardo	Paulo Modesto
Fabrício Motta	Romeu Felipe Bacellar Filho
Fernando Rossi	Sérgio Guerra
Flávio Henrique Unes Pereira	Walber de Moura Agra

CONHECIMENTO JURÍDICO

Luís Cláudio Rodrigues Ferreira
Presidente e Editor

Coordenação editorial: Leonardo Eustáquio Siqueira Araújo
Aline Sobreira de Oliveira

Rua Paulo Ribeiro Bastos, 211 – Jardim Atlântico – CEP 31710-430
Belo Horizonte – Minas Gerais – Tel.: (31) 2121.4900 / 2121.4949
www.editoraforum.com.br – editoraforum@editoraforum.com.br

Técnica. Empenho. Zelo. Esses foram alguns dos cuidados aplicados na edição desta obra. No entanto, podem ocorrer erros de impressão, digitação ou mesmo restar alguma dúvida conceitual. Caso se constate algo assim, solicitamos a gentileza de nos comunicar através do *e-mail* editorial@editoraforum.com.br para que possamos esclarecer, no que couber. A sua contribuição é muito importante para mantermos a excelência editorial. A Editora Fórum agradece a sua contribuição.

Dados Internacionais de Catalogação na Publicação (CIP) de acordo com ISBD

B277p   Barros, Tarcísio Augusto Sousa de
         Poder político na Câmara dos Deputados: impactos eleitorais do distributivismo / Tarcísio Augusto Sousa de Barros. - Belo Horizonte : Fórum, 2022.

         142p.; 14,5cm x 21,5cm.
         Inclui bibliografia.
         ISBN: 978-65-5518-348-1

         1. Direito Eleitoral. 2. Direito Constitucional. 3. Ciência Política. I. Santos, Rafael Costa. II. Título.

2022-690   CDD 341.28
                                                        CDU 342.8

Elaborado por Odilio Hilario Moreira Junior - CRB-8/9949

Informação bibliográfica deste livro, conforme a NBR 6023:2018 da Associação Brasileira de Normas Técnicas (ABNT):

BARROS, Tarcísio Augusto Sousa de. *Poder político na Câmara dos Deputados*: impactos eleitorais do distributivismo. Belo Horizonte: Fórum, 2022. 142p. ISBN 978-65-5518-348-1.

Para meus pais, Rosângela e Oscar: o que eu já era antes de vir a ser; a maior razão do que sou; e o alicerce de tudo o que virá.

Para meus alunos e minhas alunas, de agora e do porvir.

Para Anderson Alarcon, Eneida Desiree Salgado, Joelson Dias, Nelson Juliano Cardoso Matos, Rodolfo Viana Pereira, Ruy Samuel Espíndola, Valdílio Falcão Filho, e Vânia Siciliano Aieta, professores e professoras cujas obras, escritas e orais, inspiram minha militância diária no Direito Eleitoral.

AGRADECIMENTOS

Este livro decorre da minha dissertação de mestrado, defendida em 2017. Eis os agradecimentos daquele trabalho, agora renovados: a inspiração deste trabalho é a Política e a República Federativa do Brasil. Mas não sou um artista; a inspiração, por si só, não poria fim a esta dissertação. Fazendo uma analogia a Ruy Barbosa, na sua célebre Oração aos Moços, eu sou um trabalhador, nada mais; mau sabedor, não mais que um razoável advogado, um mesquinho estudante; pouco mais sei do que saber trabalhar. E para findar esta dissertação, a força e a potência, que são essenciais à minha forma de trabalhar, vieram de muitas pessoas, às quais agradeço, como um dia ensinou o Desembargador do TJPI Haroldo de Oliveira Heim, não do fundo, mas de todo o coração!

Aos meus pais, pela constante, qualificada e obsequiosa educação familiar, profissional e cívica. Duas das certezas que tenho é que nunca conseguirei lhes agradecer devidamente, seja com gestos ou com palavras, o que fizeram, fazem e farão por mim, e nem serei capaz de exprimir a dimensão do meu amor.

Aos meus irmãos Pierre, Rachel e Hugo; aos meus sobrinhos e sobrinhas Pedro, Heitor, Lavínia, Mateus (*in memoriam*), Maria Alice, Rafael e Isadora; aos agregados Eliane, Marcos e Giovanna. Vocês, junto com meus pais, minha família, são o que sou; portanto, minha própria vida.

Às famílias Sousa e Barros, meus tios, tias, primos e primas, por serem a firme extensão do meu núcleo familiar.

Ao Escritório Carvalho & Oliveira Advogados Associados, em nome dos sócios, professores Daniel Oliveira e Wildson Oliveira, que me permitiu e fomentou estudar intensamente (e aplicar na prática) o Direito Eleitoral.

Aos amigos e amigas do Piauí, com quem pude compartilhar experiências especiais que fazem parte do meu eu humano e profissional.

À minha primeira família em Belo Horizonte-MG, os amigos de república, Filipe Macieira, Israel Edmundo, Germain Martins, Fábio Antunes e Rodrigo Soares (agregado).

Ao Daniel Sampaio e ao Felipe Monteiro, que viveram comigo, praticamente desde minha chegada a Belo Horizonte, o sentimento de ser nordestino e de suportar ter orgulho disso longe de casa e pelas rodas de músicas, cervejas, comidas e valores próprios dessa amizade intensa e verdadeira que nutrimos reciprocamente.

Aos colegas de pós-graduação, em atenção à interlocução e por fazerem esta experiência menos árdua e mais prazerosa, nomeadamente os grandes amigos Diego Vieira, Gabriel Cruz, Henrique José, João Meira, Rafael Souza e Raphael Rodrigues. Ao Vinícius Balestra.

Às famílias de Diego Vieira e João Meira, que me acolheram durante os meses da minha passagem pelo Triângulo Mineiro.

À Jéssica Almeida, Magna Alves, Cristiane Marques Rossi e Karina Dornelas, que, junto com Diego e João, vivenciaram comigo diariamente a experiência de um escritório de advocacia em Patrocínio-MG.

Notadamente, aos amigos e amigas de Patrocínio-MG e Serra do Salitre-MG, que me apresentaram as belezas e as delícias do Triângulo Mineiro e Alto Paranaíba, um Brasil especialmente diferente, mas tão rico quanto o que eu já conhecia.

Ao professor Dr. Nelson Juliano, que orgulha e prestigia a Universidade Federal do Piauí, nosso Estado e a Academia dedicando atenção, sinceridade e cuidado aos seus alunos, ainda que o tenham sido, assim como eu, por apenas um ou dois finais de semana.

Ao professor Dr. Rodolfo Viana Pereira, meu orientador, por me permitir essa imersão na Academia e na sala de aula, assim também pelas oportunidades de experiência e crescimento na advocacia (mesmo quando não pude aceitar). Serei sempre grato. Aproveito, também, para assumir toda a responsabilidade, isentando-o, em relação às eventuais (ou não eventuais) falhas deste estudo.

À professora Dra. Adriana Campos, por ter sido, como não cansarei de repetir, a primeira pessoa que me permitiu compartilhar com alunos da graduação (da Faculdade de Direito da Universidade Federal de Minas Gerais – FDUFMG) o que tenho lido, refletido e aprendido sobre o Direito Eleitoral.

Em nome de Raul Blasi, a todos os integrantes do Grupo de Estudos em Constituição e Política (GCP), por dividirem ensinamentos e aprendizados sobre os temas que considero mais excitantes na Academia e que, por isso, permeiam toda a minha dissertação.

À FDUFMG, em nome de cada professor e professora, funcionário e funcionária, por possibilitar a concretização deste sonho.

Ainda de forma especial, às bibliotecas (e respectivos funcionários e funcionárias) das Faculdades de Filosofia e Ciências Humanas (FAFICH) e Direito da UFMG, e do Centro Universitário do Cerrado Patrocínio (UNICERP), pela estrutura ofertada gratuitamente.

À Coordenação de Aperfeiçoamento de Pessoal de Nível Superior, a CAPES, pelo financiamento da pesquisa.

À República Federativa do Brasil, por permitir e parcialmente financiar meus estudos na FDUFMG, a Vetusta Casa de Afonso Pena.

Por fim, àquele que sempre agradeço: o grandioso Deus, que guia o meu caminho e insiste em dar muito mais do que mereço.

Não poderia ser mais clichê nem mais verdade: as pessoas (e instituições) que passam em nossas vidas não se vão sós, não nos deixam sós; deixam um pouco de si e levam um pouco de nós (Antoine de Saint-Exupéry). Uma única palavra define este momento: gratidão. Tudo é bênção. Por tudo sou grato.

E se, às vezes, nos desesperançamos por assistirmos a tantas e a tão frequentes reformas das leis eleitorais, valerá a pena admitir que não cuidaríamos mais de revisar as leis se não nos restasse alguma esperança de reformar os homens.

(REALE, Miguel. O sistema de representação proporcional e o regime presidencial brasileiro. *Estudos Eleitorais*, Brasília, v. 1, p. 101-135, jan./abr. 1997, p. 130)

LISTA DE TABELAS

Tabela 1 Profissão dos candidatos e eleitos para a Câmara dos Deputados nas Eleições de 2006 50
Tabela 2 "Cabeças" 2021 por número de mandatos 54

SUMÁRIO

PREFÁCIO 17

APRESENTAÇÃO 19

INTRODUÇÃO 21

CAPÍTULO 1
PODER POLÍTICO NA CÂMARA DOS DEPUTADOS:
DISTRIBUTIVISMO, CONCENTRAÇÃO E PERPETUAÇÃO 25

1.1   A disseminação da patronagem e do fisiologismo no Brasil: visitando o passado e detalhando os dias atuais 29

1.2   Distributivismo e seu impacto no processo legislativo e no particularismo das campanhas eleitorais para a Câmara dos Deputados 40

1.3   Um retrato da Câmara dos Deputados: demonstração de dados 46

CAPÍTULO 2
IMPACTOS ELEITORAIS DO EXERCÍCIO DO PODER POLÍTICO
NA CÂMARA DOS DEPUTADOS 57

2.1   Princípios constitucionais estruturantes do Direito Eleitoral e práticas distributivistas: uma leitura a partir de Eneida Desiree Salgado 61

2.1.1   O princípio constitucional da autenticidade em matéria eleitoral e o distributivismo 64

2.1.2   O princípio constitucional da liberdade para o exercício do mandato e o distributivismo 69

2.1.3   O princípio constitucional da necessária participação das minorias no debate público e nas instituições políticas e o distributivismo 76

2.1.4   O princípio constitucional da máxima igualdade na disputa e o distributivismo 82

CAPÍTULO 3
CONTROLE DE PODER POLÍTICO E PERSPECTIVAS DE COMO FAZÊ-LO..............89

3.1 As funções democráticas das dimensões do controle do poder em Rodolfo Viana Pereira: controle-fundante e controle-garantia..........99

3.2 Processo eleitoral (de sistema proporcional) e reelegibilidade no Brasil: controle do poder político exercido na Câmara dos Deputados..............105

3.2.1 A irreelegibilidade (parlamentar) como mecanismo de controle-garantia..............116

3.2.2 O caso mexicano..............121

CONCLUSÕES..............129

REFERÊNCIAS..............135

PREFÁCIO

Às vezes a gente pesquisa por quatro anos, escreve por meses, defende uma tese e pensa que não vai servir para muita coisa além de conquistar o título acadêmico (o que não é pouco, mas pode ser um tanto frustrante depois de tanto esforço). Mesmo quando a gente vence todas as ressalvas reais e imagináveis e publica o trabalho acadêmico ou parte dele, fica a sensação de muito esforço para pouco proveito.

O diálogo em eventos acadêmicos é profícuo, mas muitas vezes fugaz. Os debates acalorados nas mesas e painéis podem até se estender noite afora ou nos dias seguintes do congresso. Dificilmente, porém, se transformam em troca de argumentos pensados e repensados, contrastados com outros textos e autoras, em produções científicas que nos fazem pensar e repensar nossas próprias justificativas.

O trabalho de Tarcísio Barros faz isso. Ao tratar da dinâmica política da Câmara dos Deputados, examinando o comportamento parlamentar e seus reflexos eleitorais, Tarcísio me convida a revisitar o que defendi há doze anos. E faz mais: traz o talentoso professor Rodolfo Viana Pereira para a conversa, tratando de nossas abordagens para desenvolver suas análises, e aportes que demonstram intensa pesquisa bibliográfica.

A defesa da limitação da reeleição no Poder Legislativo parte de dados concretos, de contribuições da Ciência Política e de suas próprias pesquisas sobre os incentivos para o desempenho da representação política. O autor mostra o índice de reeleição de parlamentares, a crescente profissionalização da política e ainda as características do sistema eleitoral brasileiro que impulsionam campanhas e atuações personalistas.

Eu defendo o sistema proporcional, em face de sua potencialidade para a representação das minorias e por desperdiçar poucos votos. É o único sistema adequado aos princípios constitucionais eleitorais. A ausência de uma lista partidária preordenada, no entanto, faz com que as candidaturas de um mesmo partido disputem a preferência eleitoral. Substituir a chamada lista aberta, em que o eleitorado escolhe quem irá ocupar as vagas obtidas pelo partido, provoca a questão sobre a maneira como as agremiações partidárias tomam as decisões sobre a nominata. Para avançarmos nessa discussão, primeiro precisamos estabelecer um patamar mínimo de uma democracia intrapartidária.

Tarcísio assinala ainda o funcionamento das bancadas e a independência parlamentar. Vale lembrar, no entanto, que a declaração de inconstitucionalidade da candidatura nata, afastando um alegado direito de parlamentares com mandato de concorrerem a nova eleição independentemente de escolha em convenção partidária, parece irritar esse contexto. Também afeta a performance do desenho eleitoral, mas, em sentido contrário, a curiosa exigência de um quociente eleitoral individual. Seria necessário avaliar se essas alterações se compensam ou se há um predomínio de uma das tendências sobre a outra.

Em relação ao ponto central do trabalho – a defesa de limitação da reeleição de parlamentares – me parece que o autor traz argumentos consistentes. Quando o desenrolar da argumentação parecia caminhar para a proibição absoluta de reeleição, eu estava reunindo uma série de razões para me opor: a complexidade do trabalho parlamentar, a ausência de corpo técnico em muitos parlamentos ou, em sentido oposto, a possibilidade de uma burocracia dominante na Câmara e no Senado. Acompanhar as discussões doutrinárias e parlamentares mexicanas e a defesa intensa do afastamento do princípio absoluto da não reeleição para o campo parlamentar antes da aprovação da reforma constitucional me facilitaram esse trabalho. Ao final, no entanto, com a defesa de uma limitação de número de mandatos, tendo a aderir, principalmente se os próprios partidos colocarem em seus estatutos dispositivos neste sentido.

Tenho duas discordâncias com o autor. Uma bem pontual: não me parece possível chamar o político eleito nas eleições presidenciais de 2018 de um *outsider*. A pouca notoriedade de seu trabalho parlamentar e a excessiva notoriedade de sua personalidade polêmica não afastam suas mais de duas décadas de atividade em seis mandatos federais consecutivos. A outra é a possibilidade de equiparar a reeleição no Poder Executivo e a reeleição no Poder Legislativo. No caso do Executivo, os partidos só podem apresentar um nome ao eleitorado, as restrições às atividades no período eleitoral são múltiplas e o acesso ao poder público para desequilibrar o pleito é muito mais intenso.

Em homenagem à homenagem feita a mim, já estou rascunhando um artigo para rebater esses argumentos e assim estender esse proveitoso diálogo que aqui se instalou. E, quem sabe, convenço o genial professor Rodolfo Viana Pereira a construir comigo o próximo capítulo dessa conversa tão gentil e competentemente iniciada por Tarcísio Barros nesta obra que merece leitura e provoca reflexão.

Eneida Desiree Salgado
Professora de Direito Constitucional e de Direito
Eleitoral da Universidade Federal do Paraná

APRESENTAÇÃO

O presente trabalho é fruto da trajetória acadêmica bem-sucedida do autor junto ao programa de pós-graduação em Direito da Universidade Federal de Minas Gerais, em nível de mestrado. Representa seu incômodo (e de muitos) com os fenômenos do fisiologismo, da patronagem e do distributivismo presentes em boa medida nos parlamentos brasileiros. Em especial, apresenta-se como um libelo contra o uso estratégico e (segundo o autor) desviante do mandato para benefício eleitoral próprio.

Segundo se extrai da obra, a principal razão da subversão da adequada representação político-parlamentar está na possibilidade de reeleição, na medida em que esta mina a plena autonomia do mandato, tornando-o dependente dos interesses do mandatário em sagrar-se vitorioso no próximo pleito. O principal argumento a sustentar esse "desvio" é o de que os parlamentares acabam por ceder o controle da agenda legislativa para o Poder Executivo em troca de verbas e cargos com o intuito de se capitalizarem eleitoralmente.

As estatísticas fornecidas pelo autor confirmam a alta taxa de reeleição parlamentar. Focando nas eleições de deputados federais desde 2010, demonstra haver uma taxa de sucesso em torno de 70%, com recuo para 56,5% apenas nas eleições de 2018.

Dado esse cenário, o autor aponta para a necessidade de se instituir a irreelegibilidade parlamentar como ferramenta de contenção. E assim o faz ancorado na sua leitura dos princípios constitucionais eleitorais e na teoria do controle democrático. No caminho, enfrenta os argumentos pró-reelegibilidade, contestando-os. Ao final dessa trilha, apresenta um estudo normativo e doutrinário sobre o caso mexicano em que, apesar da recente adoção da possibilidade de reeleição parlamentar, ainda pairam muitas críticas e instabilidade quanto à sua manutenção no futuro, sobretudo quanto à hipótese de reeleição imediata (sucessiva).

Em suas considerações finais, especifica bem seu ponto de chegada: para ele, o Brasil precisa adotar a irreelegibilidade para o 2º mandato parlamentar sucessivo. Isto é, não se impede que o deputado ou o vereador voltem a disputar eleição no futuro, mas não para o mandato subsequente ao exercido.

Como se vê, o tema é polêmico e não encontra posicionamento unânime. Aliás, a proposta é possivelmente minoritária na academia. Não obstante, tem o mérito de enfrentar corajosamente alguns dos males reais da representação parlamentar, identificando-os sem atalhos, chamando atenção especial para a linha tênue que separa a legítima representação do desvio puramente eleitoreiro. Seu mérito está, também, na forma como conduz o trabalho do início ao fim: com pesquisa séria, fundamentos sólidos e argumentação estruturada.

Rodolfo Viana Pereira
Professor da Faculdade de Direito da UFMG. Doutor em Ciências Jurídico-Políticas pela Universidade de Coimbra

INTRODUÇÃO

O estudo dos impactos eleitorais do uso do poder político por Chefes do Poder Executivo (presidente, governadores e prefeitos) no âmbito do constitucionalismo democrático sempre atraiu especial atenção do Direito Constitucional e do Direito Eleitoral no Brasil. O presente livro parte da nossa inquietação de que tal premissa não seja aplicada da mesma forma às influências eleitorais do exercício do poder político por deputados federais.

Investigamos, portanto, aspectos do exercício do poder político na Câmara dos Deputados (aqui tratado como Teoria Distributivista, distributivismo ou mesmo como batizado pela literatura americana de *pork barrel*), suas influências eleitorais e a Teoria do Controle do Poder. Para tanto, o livro é subdividido em três capítulos complementares entre si.

No primeiro capítulo procuramos contextualizar a utilização do poder político à luz da Ciência Política, notadamente através do estudo da angariação e destinação do capital político (emendas parlamentares, realização de obras e indicação de cargos públicos) disponível na Câmara dos Deputados.

A partir da obra *Os Entraves da Democracia no Brasil*, de Barry Ames, investigamos como parlamentares têm operado; especialmente, a saber, suas principais demandas para consecução dos seus principais objetivos. Advertidos por Carlos Ranulfo Melo, para quem "é temerário fazer qualquer generalização sobre o comportamento legislativo no Brasil com base no quadro anterior à Constituição",[1] nos servimos

---

[1] MELO, Carlos Ranulfo. As instituições políticas brasileiras funcionam? *Rev. Sociol. Polit.*, Curitiba, n. 25, p. 199-203, nov. 2005. Disponível em: http://www.scielo.br/scielo.php?script=sci_arttext&pid=S0104-44782005000200015. Acesso em: 28 abr. 2016. p. 202.

também de outros tantos estudos especializados que, ancorados em Barry Ames, continuam a refletir e problematizar sobre o poder político na Câmara dos Deputados.

Tal empreendimento foi necessário em razão de um objetivo específico da pesquisa: identificar se há utilização de poder político intracâmara destinado a gerar impactos eleitorais futuros e qual a sua potencialidade. Isto porque a literatura majoritária, tanto nacional quanto estrangeira, busca estudar se o principal objetivo dos deputados federais no exercício dos seus mandatos é a sua manutenção no cargo que ocupam e como atuam para atingi-lo.

Investigamos como esse manejo de poder pode implicar o diálogo com o Poder Executivo e como pode repercutir na produção legislativa nacional e na importância dos partidos políticos no processo eleitoral. Através de revisão bibliográfica na vasta literatura sobre o tema, buscamos trabalhar até que ponto as políticas distributivistas correspondem à institucionalização da patronagem (ou, por assim dizer, a um clientelismo moderno) e como se correlacionam com o enfraquecimento partidário através de campanhas parlamentares cada vez mais particularistas. Os estudos de cientistas políticos servem de alicerce para reflexões jurídicas posteriores.

Finalizamos o primeiro capítulo com a apresentação de dados relativos à importância de já ser deputado federal no momento em que se pleiteia sua reeleição e demonstrando até que ponto este percentual se aproxima da reeleição almejada por governadores e prefeitos.

Iniciamos o segundo capítulo tentando demonstrar a necessidade de ler os fatos políticos a partir da ideia de supremacia da constituição e como esta serve de diretriz normativa para o futuro. As notas introdutórias do segundo capítulo justificam o estudo de outro objetivo central do livro: saber se e como a política distributivista pode afetar os princípios que norteiam nosso processo eleitoral.

O Direito Constitucional serve ao Direito Eleitoral dois princípios fundamentais da Constituição da República de 1988, quais sejam: democrático e republicano. A partir daí trabalhamos os *Princípios Constitucionais Eleitorais*, livro de Eneida Desiree Salgado, especialmente: (i) o princípio constitucional da autenticidade eleitoral; (ii) o princípio constitucional da liberdade para o exercício do mandato; (iii) o princípio constitucional da necessária participação das minorias no debate público e nas instituições políticas; e (iv) o princípio constitucional da máxima igualdade na disputa eleitoral.

Através de uma correlação com outros autores, buscamos identificar a que se destinam e como cada um desses princípios constitucionais eleitorais pode estar sendo afetado pelas práticas distributivistas, bem como o que tal correlação significa para um processo eleitoral substancialmente livre e igualitário.

Por isso trabalhamos a Teoria do Controle do Poder (político), o que foi feito a partir de Karl Loewenstein, em sua *Teoria da Constituição*, e Rodolfo Viana Pereira, através da obra *Direito Constitucional Democrático: controle e participação como elementos fundantes e garantidores da constitucionalidade*.

Karl Loewenstein explica que o poder não pode ser compreendido em essência, mas apenas como opera – como se manifesta no mundo. Observadas as manifestações do poder, Karl Loewenstein sugere sua faceta demoníaca, uma vez que quem o detém tende a dele abusar.

Rodolfo Viana Pereira, por seu turno, aborda as funções democráticas de ambas as dimensões do controle do poder, quais sejam: controle fundante e controle garantia. O autor empreende esforços para justificar uma nova leitura do controle do poder, superando a visão clássica de princípio negativo, de limitação. Rodolfo Viana Pereira apresenta as funções positivas de promoção de ideais a partir da prática do controle.

Ambos os autores tratam do controle de poder político no Estado Democrático de Direito como elemento essencial ao constitucionalismo moderno.

Uma das formas de controle do poder político apresentadas por Karl Loewenstein e Rodolfo Viana Pereira é o processo eleitoral, uma vez que cidadãos têm a possibilidade de escolher os representantes e refundar o anseio constitucional instituinte gravado na Constituição.

O processo eleitoral apenas atinge suas funções democráticas, entretanto, se protegido de eventuais desvios e abusos de poder que possam, de alguma maneira, influenciá-lo negativamente. Eis, então, o fundamento para o momento propositivo deste livro, quando buscamos analisar a irreelegibilidade parlamentar como elemento de controle (garantia) de poder e as funções democráticas do referido instituto.

Por isso, o que buscamos, no decorrer desta obra, foi: (i) identificar o *modus operandi* dos deputados federais na Câmara dos Deputados com fins à conquista de sua reeleição; um estudo, tal qual sugerido por Karl Loewenstein, sobre a manifestação real do exercício do poder; (ii) passado o momento inicial, investigar as implicações e impactos no processo eleitoral do distributivismo de poder político por parlamentares federais; (iii) daí, então, a apresentação da Teoria do Controle, em especial suas razões e fundamentos, quando passamos à irreelegibilidade parlamentar como perspectiva de controle de poder – inclusive com a apresentação deste fenômeno no México.

Com a releitura de trabalhos que anteriormente investigaram (i) aspectos de poder político intracâmara, (ii) processo eleitoral democrático (iii) e controle do poder, foi possível apresentarmos a nossa própria visão sobre os reflexos eleitorais do poder político exercido por deputados federais no Brasil.

CAPÍTULO 1

PODER POLÍTICO NA CÂMARA DOS DEPUTADOS: DISTRIBUTIVISMO, CONCENTRAÇÃO E PERPETUAÇÃO

Em sua obra *Os Entraves da Democracia no Brasil*, Barry Ames estuda o problema da governabilidade e do que ele chama de mau funcionamento das instituições políticas brasileiras (cujos exemplos citados por ele são: sistema eleitoral, Presidência da República e Legislativo). Para o autor, governabilidade é um tema cujo sentido é de difícil determinação, mas que possui, em essência, dois processos políticos no seu âmago, quais sejam: i) a eficiência dos poderes Legislativo e Executivo de um país na elaboração de programas e políticas públicas; e ii) a capacidade do governo para levar a cabo esses programas.[2]

Embora, a princípio, utilizar um norte-americano para analisar a Câmara dos Deputados brasileira possa causar espécie, fato é que seu estudo é a pedra de toque dos cientistas políticos para embasar novas pesquisas que o confirmem ou que o contraponham. O brasilianista teceu considerações basilares sobre pontos relevantes da Câmara dos Deputados (entre 1987-1991) que, em sua visão, poderiam levar a entraves na democracia no Brasil.

Segundo Barry Ames, o problema não é das instituições políticas em si, já que elas não podem ser culpadas por sempre servirem aos membros das elites, seus criadores; na verdade, "o problema é que o sistema beneficia antes de tudo a ele mesmo – isto é, os políticos e os funcionários públicos que o administram".[3] Portanto, apresenta-se como

---

[2] AMES, Barry. *Os entraves da democracia no Brasil*. Rio de Janeiro: Editora FGV, 2003. p. 15-16 e 22.
[3] AMES, Barry. *Op. cit.* p. 18.

essencial respondermos as indagações a seguir: o sistema beneficia a si próprio? Mais ainda, o sistema beneficia quem já possui poder político? Assim como Barry Ames, acreditamos que "muitos políticos e funcionários públicos brasileiros cumprem longas jornadas de trabalho e sacrificam vantagens particulares em prol do bem público";[4] essa hipótese, entretanto, nem de longe anula a nossa principal, qual seja: os resultados podem evidenciar concentração e perpetuação do poder político em quem já o detém, a elite política brasileira.—

Mônica Castro, Fátima Anastasia e Felipe Nunes conseguiram sintetizar muito bem parte das perturbações que instigaram o início deste estudo, notadamente no que diz respeito às principais motivações para as ações dos deputados federais:

> As explicações informadas pela noção de conexão eleitoral afirmam que o principal objetivo perseguido pelos legisladores é o de sua reeleição (Mayhew, 1974; Fenno, 1973). Em *Congressmen in Committees*, Fenno afirma que os legisladores procuram realizar três metas, sendo a primeira delas a reeleição, seguida pela busca de poder no interior do Congresso e pela produção de boa política pública (1973:1). Mayhew define os legisladores como atores que têm na reeleição seu maior objetivo (1974:5), embora reconheça que eles possam perseguir outras metas relacionadas e não necessariamente incompatíveis com esse objetivo (*ibidem*:16).[5]

Eduardo Leoni, Carlos Pereira e Lúcio Rennó buscam mapear quais seriam as mais relevantes ambições dos parlamentares. Segundo os autores, a ambição pode ser estática ou progressiva; enquanto a primeira é o desejo ou tendência de concorrer à reeleição, permanecendo no mesmo posto, a segunda é o desejo ou tendência de ocupar um cargo mais alto.[6] Juan González acrescenta, ainda, a ambição discreta, que seria o objetivo de retornar à vida privada após o exercício do seu respectivo mandato.[7]

---

[4] AMES, Barry. *Op. cit.* p. 18.
[5] CASTRO, Mônica Mata Machado de; ANASTASIA, Fátima; NUNES, Felipe. Determinantes do comportamento particularista de legisladores estaduais brasileiros. *Dados*, Rio de Janeiro, v. 52, n. 4, p. 961-1001, 2009. Disponível em: http://www.scielo.br/pdf/dados/v52n4/v52n4a05.pdf. Acesso em: 30 de mar. 2016. p. 964.
[6] LEONI, Eduardo; PEREIRA, Carlos; RENNO, Lúcio. Estratégias para sobreviver politicamente: escolhas de carreiras na Câmara de Deputados do Brasil. *Opin. Pública*, Campinas, v. 9, n. 1, p. 44-67. Disponível em: http://www.scielo.br/scielo.php?script=sci_arttext&pid=S0104-62762003000100002. Acesso em: 27 abr. 2016. p. 47
[7] MUCIÑO GONZÁLEZ, Juan Carlos. No-reelección legislativa: la responsabilidad política invertida. *Revista del Instituto Electoral del Estado de México*, Apuntes Electorales, n. 18, p.

Carlos Pereira e Lúcio Rennó também identificaram que é a ambição estática o comportamento predominante da carreira e mais exitoso no processo eleitoral para deputados, como se vê a seguir:

> Nas últimas quinze eleições para a Câmara dos Deputados no Brasil a maioria dos parlamentares se candidatou à reeleição, uma média de 68% (ver tabela 1). Dos deputados que optaram arriscar sua sobrevivência eleitoral concorrendo à reeleição, 67% em média obtiveram sucesso em todos esses episódios eleitorais. Por outro lado, 33% não alcançaram a mesma sorte ao amargaram (sic) derrotas diante da escolha de tentar permanecer no legislativo federal. Em outras palavras, a decisão pela ambição estática, ou seja, concorrer à reeleição, tem consistentemente proporcionado retornos eleitorais para a maioria dos parlamentares que a tentam.[8]

Visando analisar os estudos que tratam da concentração e preservação de poder nessa elite política, embora – como Barry Ames deixa claro – haja um problema em toda a classe de políticos e funcionários públicos, focaremos na Câmara dos Deputados.[9] Especificamente,

---

17-30, 2004. p. 27. Disponível em: http://aelectorales.ieem.org.mx/index.php/ae/article/view/502/481. Acesso em: 10 jun. 2017

[8] PEREIRA, Carlos; RENNO, Lucio. O que é que o reeleito tem? O retorno: o esboço de uma teoria da reeleição no Brasil. *Rev. Econ. Polit.* [on-line], vol. 27, n.4, p. 664-683, 2007. ISSN 1809-4538. Disponível em: http://dx.doi.org/10.1590/S0101-31572007000400010. Acesso em: 15 mar. 2016. p. 666-667.

[9] Focaremos na Câmara dos Deputados pela diversidade de pesquisas feitas sobre ela. Ainda assim, podemos encontrar resultados semelhantes em estudos sobre Câmaras Municipais e Assembleias Estaduais. Sobre as Câmaras Municipais, esclarece Renato Barreto de Souza: "O exame dos mandatos parlamentares municipais em Campos dos Goytacazes não produziu um diagnóstico diferente dos estudos já realizados em outras Câmaras Municipais do país. Também aqui, o mandato é visto como um patrimônio pessoal do vereador e, em sua imensa maioria, é orientado para promover o atendimento de demandas individuais, transformando as lideranças locais em verdadeiros agentes do favor que oferecem seus serviços de forma individualizada e pleiteiam, em troca, o voto" (SOUZA, Renato Barreto de. *Clientelismo e voto na Califórnia fluminense*. 28º Encontro Anual da Anpocs, Caxambu, 2004. CD Rom. Disponível em: http://portal.anpocs.org/portal/index.php?option=com_docman&task=doc_view&gid=4090&Itemid=319. Acesso em: 02 maio 2016), que aborda o município de Campos dos Goytacazes – RJ no período de 1988 – 2000. p. 29. Já sobre as Assembleias Estaduais, assim se manifesta Miguel Reale: "O mesmo fenômeno melancólico reproduz-se nos estados, à mercê de cujos governos vivem os municípios, aguardando as cotas do fundo rodoviário, os excedentes da arrecadação de que trata o art. 20 da Constituição Federal, os empréstimos das caixas econômicas e dos institutos para os mais urgentes serviços públicos, como os de estradas, de água e de energia, de calçamento e de esgoto. Os deputados acabam se dobrando às injunções do Executivo estadual, premidos pelos reclamos de seus redutos eleitorais. Sobrenadam apenas alguns poucos que se alimentam de sufrágio mais consciente, ou então têm habilidade bastante para preparar um eleitorado para cada pleito..." (REALE, Miguel. O sistema de representação proporcional e o regime presidencial brasileiro. *Estudos Eleitorais*, Brasília, v. 1, p. 101-135, jan./abr. 1997, p. 123).

trataremos juridicamente da premissa de que no Brasil existem "deputados que só se preocupam com sua própria sorte, com benefícios paroquiais de retorno eleitoral garantido ou em defender seus interesses estreitos",[10] o que, em nossa visão, não tem sido feito em outros estudos jurídicos. A partir daí, poderemos apontar uma possível saída para que a concentração, perpetuação e o uso de poder político na Câmara dos Deputados, nas suas formas abusiva e desviante, abandonem o *status quo*.

Barry Ames explica que, por mais que presidentes proclamem, no início dos mandatos, "elevados propósitos de evitar a troca de favores a que seus antecessores se entregaram tão acintosamente", "a necessidade política logo se impõe" e, "mesmo depois de uma farta distribuição de verbas e nomeações, tudo o que a maioria dos presidentes pode esperar do Congresso – talvez o máximo a que os presidentes podem aspirar – é uma anuência limitada, e não uma participação ativa no processo legislativo".[11] Para Barre Ames, portanto, o Poder Executivo estaria refém das ações do Poder Legislativo.

Por outro lado, Eduardo Leoni expõe estudos de Limongi e Figueiredo e Pereira e Mueller para afirmar que, "das 1.259 leis aprovadas [entre 1989 e 1994], 997 foram iniciadas pelo Executivo", concluindo que há um papel central do Executivo na Câmara dos Deputados.[12]

Parece assistir razão a Leany Lemos, para quem "seria ingenuidade acreditar que o Legislativo é vítima de um processo opressivo movido pelo Poder Executivo, e não um colaborador voluntário das propostas deste último".[13] Portanto, embora não se busque identificar aqui se, nos termos de Leoni, o Executivo comanda a agenda do Legislativo, ou, nos termos de Ames, se o Legislativo comanda a agenda do Executivo, fato é que há cientificamente comprovado um manifesto esvaziamento da atividade de legislar pelos membros do Poder Legislativo.

---

[10] AMES, Barry. *Op. cit.* p. 17.
[11] AMES, Barry. *Op. cit.* p. 19.
[12] LEONI, Eduardo. Ideologia, democracia e comportamento parlamentar: a Câmara dos Deputados (1991-1998). *Dados – Revista de Ciências Sociais*, Rio de Janeiro, vol. 45, n. 3, 2002. p. 361-386, 2002. Disponível em: http://www.scielo.br/pdf/dados/v45n3/a02v45n3.pdf. Acesso em: 7 abr. 2016. p. 380.
[13] LEMOS, Leany Barreiro de S. O Congresso Brasileiro e a distribuição de benefícios sociais no período 1988-1994: uma análise distributivista. *Dados*, Rio de Janeiro, v. 44, n. 3, p. 561-630, 2001. Disponível em: www.scielo.br/pdf/dados/v44n3/a04v44n3.pdf. Acesso em: 3 maio 2016. p. 594.

O primeiro esforço, logo, deve ser investigar se é fato que "as instituições políticas [notadamente, para nosso estudo, a Câmara dos Deputados] criam incentivos que estimulam os políticos a maximizar seus ganhos pessoais e a se concentrar em cavar projetos de obras públicas para eleitorados localizados ou para seus próprios patrocinadores políticos".[14] Afinal, há algum padrão de reeleição entre parlamentares brasileiros? O fato de ser parlamentar realmente facilitaria o alcance de novos mandatos (tanto para permanecer no Legislativo quanto para a busca pelo Executivo)?

1.1 A disseminação da patronagem e do fisiologismo no Brasil: visitando o passado e detalhando os dias atuais

Não é de hoje que a política brasileira se estrutura com base no distributivismo, tanto que já apontam isso como "traço da cultura política brasileira, a cultura política do favor".[15] Como explica Barry Ames, "desde o começo do século XIX, boa parte da política brasileira se concentra nas tentativas dos políticos de nomear aliados para cargos burocráticos e de prover bens públicos individualizados ou geograficamente específicos".[16] Partindo disso, Ames afirma que:

> Não há dúvidas de que em toda sociedade pratica-se a troca de apoio político por cargos no governo e contratos de obras públicas, mas o caso brasileiro é ímpar na disseminação dessas trocas e na tendência

---

[14] AMES, Barry. *Op. cit.* p. 18. Miguel Reale também identifica um Poder Executivo fortalecido em relação ao Legislativo, batizando de "gangorra das conveniências" de alto preço ao erário essa relação entre ambos os poderes: "Como a nossa tradição constitucional alargou em demasia a faculdade que tem o Executivo de opor-se aos projetos de lei, inclusive pela supressão astuciosa de palavras ou de frases soltas, alterando a substância dos preceitos, o veto tem se transformado em arma perigosa: serve para ir dobrando as resistências da oposição e, ao mesmo tempo, para assegurar ao governo um mínimo de possibilidades de ação, havendo casos em que o Presidente, o governador ou o prefeito salta por cima do plenário das Câmaras e, recorrendo a contratos diretos com a opinião pública, pelo rádio, pela imprensa e pela televisão, procura criar o clima reclamado por sua ação política. Daí as agitações naturais, o desgaste recíproco dos poderes, sem contar com o alto preço que para o erário representa a manutenção de uma minoria disciplinada. [...] O mal é que tais propostas aparecem quase sempre condicionadas por intuitos que transcendem a objetividade da sistemática eleitoral, correspondendo a conjunturas transitórias, de tal sorte que, tais sejam as mudanças operadas no panorama político e na gangorra das conveniências, poderá ocorrer uma troca paradoxal de posições entre os que sustentavam as propostas ou ardorosamente as combatiam..." (REALE, Miguel. *Op. cit.* p. 124-125).
[15] SOUZA, Renato Barreto de. *Op. cit.* p. 14.
[16] AMES, Barry. *Op. cit.* p. 42.

de usá-las em detrimento de um processo decisório baseado em princípios ideológicos ou programáticos mais amplos. O fisiologismo e o empreguismo privatizam a formação de políticas. Os políticos não se sustentam como tais cuidando da prosperidade de suas regiões e da provisão de bens públicos, mas distribuindo verbas, serviços e empregos a indivíduos.[17]

Renato Barreto de Souza explica que "o clientelismo moderno se diferencia do tradicional por substituir os antigos laços de lealdade pessoal pela oferta de benefícios materiais" (que podem ter sido entregues no passado, ou venham a ser entregues no presente ou no futuro), sendo que o que importa é "garantir a estabilidade da relação".[18] Assim, mesmo com as diferenças entre o clientelismo tradicional e o moderno, as regras eleitorais continuam a motivar que quem já é político aja de determinada maneira.

Cristian Klein explica a Teoria Distributivista, batizada por Renato Barreto de Souza de clientelismo moderno:

> O conceito de clientelismo não é de fácil construção. Mas podemos defini-lo como a troca de voto por vantagens particulares, ou seja, o político oferece bens ou serviços, custeados com recursos públicos ou privados, na expectativa de que o eleitor retribua com seu voto. Se as vantagens são bancadas com recursos públicos e voltadas a um grupo maior de eleitores de uma área específica, trata-se do que a literatura de língua inglesa chama de *pork barrel*. Esse grupo de cidadãos recebe uma vantagem particular às custas de todos os contribuintes. Os recursos públicos, em vez de serem investidos em políticas universalistas, são alocados em redutos eleitorais, por meio das denominadas políticas distributivistas.[19]

Como explicam Pereira e Rennó, *pork barrel*[20] é a distribuição de benefícios na forma de políticas públicas ou favores e vantagens a indivíduos, neste livro também tratada como Teoria Distributiva ou Distributivista.

---

[17] MES, Barry. *Op. cit.* p. 42.
[18] SOUZA, Renato Barreto de. *Op. cit..* p. 14.
[19] KLEIN, Cristian. *O desafio da reforma política* – consequências dos sistemas eleitorais de listas abertas e fechadas. Rio de Janeiro: Mauad X, 2007. p. 85.
[20] PEREIRA, Carlos; RENNO, Lucio. O que é que o reeleito tem? Dinâmicas político-institucionais locais e nacionais nas eleições de 1998 para a Câmara dos Deputados. *Dados* [on-line], vol. 44, n. 2, p. 133-172, 2001. Disponível em: http://www.scielo.br/scielo.php?script=sci_arttext&pid=S0011-52582001000200004. Acesso em: 8 mar. 2016.

Também para José Alexandre da Silva Júnior as regras do sistema eleitoral brasileiro fornecem incentivos de fortalecimento do personalismo dos deputados, o que explica a importância dos atributos dos seus mandatos e a dependência desses parlamentares a outros atores políticos (como governadores e presidentes).[21] Assim como Silva Júnior, Barry Ames explica quais as razões para as estratégias que serão escolhidas pelos políticos brasileiros:

> O Brasil se caracteriza pela existência de estados poderosos que agem em função de seus próprios interesses, pela importância dos estados na seleção dos candidatos ao Congresso, por municípios que têm independência para eleger suas administrações locais, pela fraca liderança dos partidos nacionais e pela separação de poderes entre Executivo e Legislativo federal. Além disso, enormes desigualdades regionais criam municípios tão pobres que o emprego no governo e os subsídios são fontes essenciais para a renda local. Assim, a política brasileira favorece a provisão de benefícios locais, geograficamente separáveis.[22]

Dessa forma, para Barry Ames "a maioria dos deputados dá pouca atenção a apelos ideológicos. Em vez disso, procuram manter redutos garantidos, buscam municípios vulneráveis e tentam superar sua própria fraqueza eleitoral com barganhas fisiológicas". Isso ocorre porque "o sistema eleitoral brasileiro induz os deputados a prover benefícios para clientelas eleitorais", o que faz com que "a busca de verbas e programas federais localistas seja endêmica".[23] Nesse contexto, surgem as principais indagações que motivaram o início do estudo deste livro:

> Mas será que os eleitores escolhem livremente seu voto, baseando-se nas posições políticas dos candidatos sobre os problemas nacionais, ou estarão eles presos a poderosas redes de patronagem organizadas em função da busca de favores locais? Estará o eleitorado tão fragmentado que os novatos só conseguem concorrer fazendo campanhas milionárias, ou será possível construir carreiras políticas baseadas na reputação local?[24]

A permuta de interesses entre mandatário e eleitor, que dá longevidade à relação, é que faz com que os atores pensem-na como

---

[21] SILVA JÚNIOR, José Alexandre da. *Vença se for capaz*: reeleição parlamentar, distritos eleitorais e partidos no Brasil. 2013. Tese (Doutorado em Ciência Política) – Programa de Pós-graduação da Universidade Federal de Pernambuco. p. 66.
[22] AMES, Barry. *Op. cit.* p. 108.
[23] AMES, Barry. *Op. cit.* p. 130.
[24] AMES, Barry. *Op. cit.* p. 134.

legítima.[25] Acrescemos a isso o fato de que há uma institucionalização da possibilidade de distribuição de benefícios dos mandatários para o eleitorado, o que também confere uma ideia de legitimidade entre essas transações.[26] Doravante, quando forem citadas as "verbas orçamentárias", nos referimos a toda sorte de benefícios que o legislador pode transferir para seu eleitor, inclusive a nomeação a cargos políticos pelo Poder Executivo e/ou as emendas parlamentares (sejam elas autorizativas ou impositivas).

Como explica Renato Barreto de Souza, "os bens cambiados podem assumir as mais diversas modalidades, que vão desde a concessão de empregos públicos até os mais elementares serviços prestados à população, como a simples instalação de lâmpadas de iluminação pública".[27] Giovana Veloso destaca que os deputados priorizam políticas de melhoria de estrutura urbana, como pavimentação de avenidas e construção de obras, e melhoria na estrutura da saúde, como construção e ampliação de hospitais, como formas de benefícios distributivistas.[28]

Na contramão do que chamaremos de interesses universais (ou nacionais) existem os "interesses locais" (como classificam Pereira e Rennó) ou "interesses regionais" (na classificação de Castro, Anastasia e Nunes); em ambos os casos, a conclusão é a mesma: a realização de interesses regionais (ou locais) são os principais fomentadores da política dos deputados, seja para atender sua base eleitoral ou seus apoiadores consistentes:

> Se os parlamentares são atores racionais que pretendem maximizar suas chances eleitorais por meio do comportamento legislativo, faz sentido encontrar uma relação positiva entre base eleitoral de tipo regional, marcada por concentração espacial de demandas, e comportamento particularista, caracterizado pela busca de benefícios localizados e paroquiais. Assim também é razoável que a relação entre apoiadores consistentes regionais e particularismo seja positiva. Afinal, o atendimento às demandas particulares dos que apoiam o deputado

---

[25] SOUZA, Renato Barreto de. *Op. cit.* p. 15.
[26] Conforme Renato Barreto de Souza, há "instituições que transferem recursos permanentemente aos eleitores em troca de voto, ou seja, é uma forma de institucionalizar o clientelismo, garantindo perenidade no fornecimento de serviços e bens. Na maioria dos casos, esses serviços e bens são financiados com dinheiro da Prefeitura e representam uma forma de uso privado de recursos públicos" (SOUZA, Renato Barreto de. *Op. cit.* p. 30-31).
[27] SOUZA, Renato Barreto de. *Op. cit.* p. 15
[28] VELOSO, Giovana Rocha. *Clientelismo*: uma instituição política brasileira. 2006. 145f. Dissertação (Mestrado em Ciência Política) – Instituto de Ciência Política da Universidade de Brasília. p. 117.

manterá o vínculo que, na opinião dos parlamentares, foi decisivo para sua vitória eleitoral.[29]

A destinação desses benefícios distributivos pelos deputados federais passou por relevante alteração a partir do ano de 2015, com a Emenda Constitucional nº 86/2015, que tornou impositivas as emendas individuais dos deputados. Até então, as emendas eram apenas autorizativas, conferindo maior discricionariedade e poder de barganha do Executivo frente ao Legislativo.

Carlos Pereira e Lúcio Rennó explicam como se dava a relação entre os Poderes Executivo e Legislativo antes da vigência das emendas impositivas:

> Um dos componentes decisivos do domínio exercido pelo Executivo sobre o legislativo é o processo de execução das emendas individuais e coletivas dos deputados na Lei orçamentária aprovada pelo Congresso e sancionada pelo Presidente. Embora os deputados tenham o direito constitucional de formular e aprovar emendas ao projeto de lei previamente elaborado pelo executivo, é este último que executa este orçamento, pois o orçamento no Brasil é autorizativo e não mandatório. Na sua grande maioria, os parlamentares fazem uso dessa prerrogativa apresentando emendas individuais e coletivas com políticas cujo objetivo é beneficiar os municípios onde obtiveram maior número de votos na eleição anterior suas bases eleitorais como forma de maximizar suas futuras chances eleitorais.[30]

O modelo encontrado por Pereira e Rennó evidenciava um grave problema: "os parlamentares que votam consistentemente de forma favorável às preferências do Executivo têm maior probabilidade de verem executadas as suas emendas", ao passo que "os parlamentares que se comportam consistentemente de forma contrária aos interesses do Executivo têm uma probabilidade menor de verem as suas emendas executadas". É por isso que, para eles, "a permissão da reeleição para Presidente afetou dramaticamente a forma como disputas eleitorais para o legislativo são conduzidas no Brasil".[31]

---

[29] CASTRO, Mônica Mata Machado de; ANASTASIA, Fátima; NUNES, Felipe. *Op. cit.* p. 983-984.
[30] PEREIRA, Carlos; RENNO, Lucio. *O que é que o reeleito tem? O retorno: o esboço de uma teoria da reeleição no Brasil. Op. cit.* p. 671.
[31] PEREIRA, Carlos; RENNO, Lucio. *O que é que o reeleito tem? O retorno: o esboço de uma teoria da reeleição no Brasil. Op. cit.* p. 665.

O que se via era o Executivo se utilizando "do processo de execução das emendas na lei orçamentária para recompensar ou punir os parlamentares dependendo de suas performances",[32] sendo essencial para o parlamentar se reeleger que o Executivo implementasse suas emendas e projetos locais, visando, com isso, garantir crédito e reconhecimento do eleitoral das suas bases.[33] O estudo de Pereira e Mueller corroborava a tese, pois constataram que "os deputados que fazem parte da coalizão se beneficiam recebendo verbas orçamentárias que, apesar de pequenas em relação à totalidade do orçamento, são suficientes para garantir-lhes êxito eleitoral e sobrevivência política".[34]

Como os parlamentares "necessitam" ver suas emendas executadas para lograr êxito quando da sua tentativa de reeleição, tem-se, então, um sistema de incentivo às negociações políticas, na medida em que o povo vota quando diretamente beneficiado, mas em regra tal benefício era direcionado em maior medida para as bases dos parlamentares que estivessem precisamente alinhados com o presidente.

Foi, então, que em 2015 a Câmara dos Deputados resolveu aprovar as emendas parlamentares impositivas, diminuindo a discricionariedade da Presidência da República no implemento das emendas parlamentares, que agora possuem percentual de execução obrigatória. A matéria está, até o momento, disciplinada nas Emendas Constitucionais nºs 86/2015, 100/2019 e 105/2019.

Segundo Simone de Souza, Rodrigo Silveira Xavier e Alessandro Gustavo Souza Arruda, o fato de ser autorizativo (como era antes da Emenda Constitucional nº 86/2015) permitia que o Poder Executivo manobrasse o orçamento sem que precisasse executá-lo. Por isso, explicam, "o grande propósito da implantação do orçamento impositivo no ordenamento jurídico brasileiro é garantir a efetiva entrega de bens e serviços à sociedade, por meio do aumento da participação do Poder Legislativo na definição de políticas públicas".[35]

---

[32] PEREIRA, Carlos; RENNO, Lucio. *O que é que o reeleito tem?* O retorno: o esboço de uma teoria da reeleição no Brasil. *Op. cit.* p. 671.

[33] PEREIRA, Carlos; RENNO, Lucio. *O que é que o reeleito tem?* Dinâmicas político-institucionais locais e nacionais nas eleições de 1998 para a Câmara dos Deputados. *Op. Cit.*

[34] PEREIRA, Carlos; MUELLER, Bernardo. Comportamento Estratégico em Presidencialismo de Coalizão: as relações entre Executivo e Legislativo na elaboração do orçamento brasileiro. *Dados*, Rio de Janeiro, v. 45, n. 2, p. 265-301, 2002. Disponível em: http://www.scielo.br/pdf/dados/v45n2/10789.pdf. Acesso em: 2 maio 2016. p. 759.

[35] SOUZA, Simone de; XAVIER, Rodrigo Silveira; ARRUDA, Alessandro Gustavo Souza. Orçamento Impositivo e Governança Pública: análise da execução das emendas impositivas no âmbito federal. *In: Encontro Internacional de Gestão, Desenvolvimento e Inovação*, 2020, Virtual. IV EIGEDIN 2020. Ed. Online. Campo Grande/MS: UFMS, 2020. v. 4. p. 1-6.

Para Eduardo Mendonça, o fato de ser impositiva "traduz a ideia de que as previsões de despesa nele constantes seriam de execução obrigatória, negando-se ao Chefe do Poder Executivo a prerrogativa de contingenciar verbas com base em avaliações de conveniência e oportunidade".[36]

É importante reforçar uma observação já feita neste capítulo: o presente estudo não cuida de determinada benesse ou emenda "A" ou "B"; como já esclarecido, trabalhamos a utilização do poder intracâmara, seja com emendas parlamentares (autorizativas ou impositivas) ou mesmo com a indicação de pessoas paras cargos no Executivo, na perpetuação do mandato dos deputados federais. O foco é refletir sobre como essas benesses impactam no processo eleitoral.

Assim, o que acontece é que "deputados podem apresentar emendas individuais na proposta de lei orçamentária enviada pelo Executivo. Normalmente, eles o fazem com emendas que beneficiam os municípios onde tiveram maior número de votos". O resultado disso é que "os deputados tendem a usar os recursos disponibilizados graças à performance favorável ao Executivo, especialmente na forma de políticas locais (*pork barrel*), para aumentar sua visibilidade junto às bases eleitorais". A principal tarefa dos deputados é, portanto, conseguir benefícios para os seus redutos políticos, o que só conseguirão através de negociações para liberação desses recursos[37] ou com a alocação de emendas impositivas. Essa necessidade mostra-se tão intensa que os deputados eleitoralmente mais vulneráveis, aqueles que não têm tanto sucesso na sua busca por benefícios clientelistas, aposentam-se com mais frequência, motivo pelo qual se afirma que "a aposentadoria não parece estar relacionada com antiguidade, liderança de comissão, posição ideológica ou filiação partidária",[38] mas com o fato de conseguir poder na Câmara durante o mandato.

Assim, embora seja sabido que o índice de renovação na Câmara dos Deputados seja em torno de 45% das cadeiras,[39] não é suficiente

---

[36] MENDONÇA, Eduardo. O falso orçamento impositivo: A institucionalização do patrimonialismo. *Justiça se Escreve com JOTA*, fev. 2015. Coluna Constituição e Sociedade. Disponível em: https://jota.info/colunas/constituicao-esociedade/constituicao-e-sociedade-o-falso-orcamentoimpositivo- 18022015. Acesso em: 30 nov. 2021.
[37] PEREIRA, Carlos; RENNO, Lucio. *O que é que o reeleito tem?* Dinâmicas político-institucionais locais e nacionais nas eleições de 1998 para a Câmara dos Deputados. *Op. cit.*
[38] LEONI, Eduardo; PEREIRA, Carlos; RENNO, Lúcio. *Op. cit.* p. 61-62.
[39] BRASIL. Câmara dos Deputados. *Câmara tem 243 deputados novos e renovação de 47,3%*. Disponível em: https://www.camara.leg.br/noticias/545896-camara-tem-243-deputados-novos-e-renovacao-de-473/. Acesso em: 28 nov. 2021. BRASIL. Câmara dos Deputados.

analisar este dado em separado. Como identificado, aposentar-se é uma tendência mais acentuada para aqueles deputados federais que não conseguiram sucesso no atendimento das suas demandas clientelistas, estando eleitoralmente mais vulneráveis. Logo, o índice de renovação da Câmara, por si só, não afasta os estudos sobre alta concentração e perpetuação de poder político entre aqueles parlamentares que conseguem direcionar suas políticas distributivistas para seu eleitorado.

Por isso que, em regra, quanto mais poder o parlamentar consegue intracâmara, maior o seu incentivo para permanecer na Casa. É que "a distribuição de poder dentro dessa instituição é altamente concentrada nas mãos dos líderes dos partidos e, portanto, que os postos institucionais (presidente, vice-presidente etc.) são posições de poder" e aumentam os incentivos e recompensas de ficar no cargo. Não à toa, "a maioria absoluta dos políticos que detêm uma posição poderosa na Câmara prefere permanecer nessa casa", pois "as carreiras dentro da Câmara são muito atraentes".[40]

A conclusão a que chegaram Carlos Pereira e Lúcio Rennó (que emendas parlamentares são utilizadas para recompensar as bases eleitorais dos deputados e, assim, facilitar sua reeleição) reforça os outros estudos já citados. Carlos Pereira e Bernardo Mueller, analisando a legislatura 1995-1998 (cujos mandatários se recandidataram em 1998), explicam:

> Isso significa que, *ceteris paribus*, quanto maior o montante de emendas individuais do legislador realmente executadas pelo presidente, maiores serão as probabilidades de reeleição do parlamentar. O efeito marginal da variável *pork* foi igual a 26%, ou seja, se um deputado com todas as outras variáveis iguais à média do plenário tivesse todas suas emendas executadas, ele teria 26% a mais de chance de ser reeleito do que se ele não tivesse nenhuma emenda executada.[41]

Ivann Lago e Edemar Rotta divergem de Carlos Pereira e Lúcio Rennó em relação ao potencial positivo que a destinação de emendas parlamentares teria para as bases eleitorais que elegeram os deputados na eleição anterior ao início do mandato. Para Lago e Rotta, apenas quando essas emendas são efetivamente destinadas e liberadas (não

---

Índice de renovação de parlamentares na Câmara chega a 43,7%. Disponível em: http://www2.camara.leg.br/camaranoticias/noticias/POLITICA/475450-INDICE-DE-RENOVACAO-DE-PARLAMENTARES-NA-CAMARA-CHEGA-A-43,7.html. Acesso em: 20 jul. 2017.

[40] LEONI, Eduardo; PEREIRA, Carlos; RENNO, Lúcio. *Op. cit.* p. 54-64.
[41] PEREIRA, Carlos; MUELLER, Bernardo. *Op. cit.* p. 761-762.

apenas propostas) para municípios que não estejam entre os que mais contribuíram com votos para a eleição anterior do parlamentar é que elas possuem efeito positivo na reprodução eleitoral do deputado; por isso, afirmam que "as emendas individuais ao orçamento não são uma ferramenta eficiente para manter redutos eleitorais; mas podem ser importantes instrumentos para a conquista de novos redutos".[42]
Isso ocorria porque

> existe uma tendência contínua, embora atenuada, de o parlamentar dar cada vez menos prioridade aos municípios que lhe são mais importantes e/ou dominados, a cada ano que passa de seu mandato. Aparentemente, os deputados utilizam-se da primeira metade de seu mandato para priorizar a recompensa aos municípios que lhe destinaram montantes significativos de votos; e passam, a partir do terceiro ano, a preocupar-se mais em utilizar as emendas para apostar na conquista de novos eleitores, em outros municípios. [...] do ponto de vista do deputado, entre utilizar a primeira fase do mandato para 'pagar' os votos recebidos na eleição anterior e a segunda metade da legislatura para conquistar novos eleitores, a segunda iniciativa rende-lhe melhores resultados eleitorais na eleição seguinte. Portanto, do ponto de vista da maximização das chances de reeleição, é estrategicamente menos interessante para o deputado transferir recursos de emendas para os municípios que contribuíram significativamente para sua eleição anterior do que apostar na conquista de novos redutos eleitorais, especialmente nos dois últimos anos do mandato.[43]

Desse modo, não obstante Ames, Pereira e Rennó divirjam de Lago e Rotta em relação ao melhor local/município de destinação de benefícios, uma constatação comum a eles apresenta-se de profunda relevância: independentemente dos benefícios serem destinados às bases eleitorais "originárias" dos deputados (para mantê-las) ou para bases novas (para conquistá-las), evidencia-se a utilização desses benefícios com finalidade política de conquista de um novo mandato, seja com emendas autorizativas ou com impositivas.

Nesse ponto a Ciência Política nos fornece uma importante constatação: o comportamento (pragmático) do eleitor somado à "permissividade das regras eleitorais [que] aumentam substancialmente o

---

[42] LAGO, Ivann Carlos; ROTTA, Edemar. Conexão eleitoral e reeleição entre deputados federais do sul do Brasil / 1998-2010. *Rev. Sociol. Polit.*, Curitiba, v. 22, n. 49, p. 139-156, mar. 2014. Disponível em: www.scielo.br/pdf/rsocp/v22n49/08.pdf. Acesso em: 3 abr. 2016. p. 151-153.

[43] LAGO, Ivann Carlos; ROTTA, Edemar. *Op. cit.* p. 153

grau de competição que os parlamentares têm de enfrentar quando tentam a reeleição", e a possibilidade dos parlamentares conseguirem benefícios diretos para suas bases eleitorais tem implicação na arrecadação (e gasto) de recursos nas campanhas eleitorais, que irá recair sobremaneira aos candidatos, fazendo com que estes concentrem "seus votos em municípios espacialmente adjacentes, a fim de reduzirem os custos da campanha (AMES, 1995b). Assim, os deputados se sentem compelidos a direcionar seus recursos de forma a diminuir sua vulnerabilidade eleitoral", pois deixam a impressão de que trabalham pelos "seus" municípios para obter a recompensa na eleição.[44]

Por isso, "o volume de recursos destinados pelos parlamentares para suas bases importa para incrementar sua chance de vitória".[45] É a antecipação da campanha eleitoral, agravada pelo fato de estar sendo praticada através da distribuição de verbas, obras e cargos públicos.

Carlos Pereira e Lúcio Rennó reforçam que a simples aprovação das emendas no orçamento já não influencia na decisão do eleitor, mas que a distribuição de benefícios paroquiais teria influência direta na campanha eleitoral:

> O eleitor e os líderes políticos locais parecem premiar apenas os candidatos que, de fato, trazem benefícios para suas localidades e não apenas fazem promessas. Ou seja, podemos estar diante do "eleitor São Tomé", que precisa ver para crer. Somente quando o parlamentar consegue que o presidente autorize o desembolso dos recursos previstos nas suas emendas é que estas exercem impacto positivo na probabilidade de ele ser reeleito, como foi sugerido pela teoria.[46]

Por conta dessas nuances de organização parlamentar na Câmara dos Deputados, Carlos Pereira e Lúcio Rennó consideram relevante a profissionalização da atividade parlamentar, inclusive asseverando que parlamentares de apenas um mandato estariam mais propensos a benefícios particulares em decorrência do cargo público, como se vê:

---

[44] PEREIRA, Carlos; RENNO, Lucio. *O que é que o reeleito tem?* Dinâmicas político-institucionais locais e nacionais nas eleições de 1998 para a Câmara dos Deputados. *Op. cit.*

[45] SILVA JÚNIOR, José Alexandre da. *Op. cit.* p. 68. No mesmo sentido: "Os contextos assimétricos permitem que o patrono seja visto pelos seus clientes como o detentor do controle da distribuição dos bens que serão cambiados. Nessa relação de troca, o ganho maior sempre tende a ser do *patronus*". (SOUZA, Renato Barreto de. *Op. cit.* p. 14).

[46] PEREIRA, Carlos; RENNO, Lucio. *O que é que o reeleito tem?* Dinâmicas político-institucionais locais e nacionais nas eleições de 1998 para a Câmara dos Deputados. *Op. cit.*

A profissionalização funcionaria como um pré-requisito para o desenvolvimento de uma legislatura independente, representativa e competente. É a partir de dispositivos organizacionais gerados pela profissionalização que se criam e se desenvolvem condições de institucionalização de regras e procedimentos que incentivam a estabilização da carreira e das atividades parlamentares. Uma legislatura profissionalizada fornece incentivos à institucionalização, à estabilidade das regras de decisão, à especialização e melhor acesso e circulação de informação, bem como independência do legislativo vis à vis o executivo. Políticos que exercem apenas um mandato parlamentar e depois se retiram do legislativo, provavelmente estão muito mais propensos a usufruir o cargo público em benefício particular. Portanto, estruturas parlamentares que estimulem a busca da reeleição podem diminuir a propensão à corrupção e aumentar a capacidade dos eleitores de punir os políticos que se desviem das suas preferências. A profissionalização do legislativo aumenta o interesse e a capacidade do parlamentar em buscar a reeleição e em procurar um maior engajamento nas atividades legislativas. Além disso, quanto maior a extensão do horizonte temporal do parlamentar, maiores as chances de especialização e aperfeiçoamento dos deputados no exercício de suas funções legislativas.[47]

Por mais que respeitemos os trabalhos de Carlos Pereira e Lúcio Rennó, o que se evidencia quando colocamos como parte central neste capítulo cremos que a conclusão dos cientistas políticos não possui sustentação em si própria. Em verdade, e devemos criticar, ao contrário do que fizeram em relação às outras conclusões que tiveram, Pereira e Rennó não deixam claro como concluíram que há essa suposta tendência corruptível dos políticos que ocupam apenas um mandato; não identificamos, nos estudos dos cientistas citados, quais testes fizeram nem quais fundamentos utilizaram para concluir que políticos que usufruíram de apenas um mandato estão mais propensos a se utilizar do público em proveito particular. Entendemos, inclusive, e com base nos estudos de Pereira e Rennó, de modo diverso e contrário. Partindo da própria conclusão de Pereira e Rennó, segundo a qual a impossibilidade de reeleição do Chefe do Poder Executivo diminuiria seu poder de interferência e barganha junto aos membros do Poder Legislativo, ocorre-nos que limitar a reeleição dos membros do Poder Legislativo também lhes faria mais independente das negociações com o Chefe do Poder Executivo, já que não existiria mais a possibilidade/obrigação de serem reeleitos.

---

[47] PEREIRA, Carlos; RENNO, Lucio. *O que é que o reeleito tem? O retorno: o esboço de uma teoria da reeleição no Brasil*. Op. cit. p. 669.

A maior liberdade aos deputados federais possibilitada pela irreelegibilidade, dissentindo dos estudos iniciais de Carlos Pereira e Lúcio Rennó, inclusive foi a conclusão a que chegaram Saul Cunow, Barry Ames, Deposato e o próprio Lúcio Rennó no seu *Reeleição e Poder Legislativo: Resultados Surpreendentes no Brasil*, de 2012. Para esses cientistas políticos, analisando o caso da Costa Rica, onde não é possível a reeleição, o então parlamentar necessita de boa reputação para a vida em comunidade pós-legislativa, de forma que continuam engajados no seu mandato com entusiasmo, mesmo não podendo se reeleger.[48]

Em todo caso, o importante é pontuar que, assim como na eleição para Chefe do Executivo, também nas eleições para a Câmara dos Deputados, "não resta dúvida de que os candidatos à reeleição levam vantagem".[49]

1.2 Distributivismo e seu impacto no processo legislativo e no particularismo das campanhas eleitorais para a Câmara dos Deputados

O fisiologismo e distributivismo descritos pela Ciência Política teriam alguma influência no processo legislativo caracterizado pela alta participação do Poder Executivo? Citando Carlos Alberto Marques Novaes, Barry Ames explica que "os deputados propõem leis sem nenhuma intenção de acompanhar a tramitação dos projetos até a fase final de aprovação". Os deputados "encaminham as propostas, a Câmara as publica, e essas versões impressas, os 'avulsos', são enviadas aos eleitores para 'mostrar serviço'".[50]

O que ocorre é que, em regra, as leis aprovadas são de iniciativa do Executivo, mas isso não se dá sem a troca de benefícios clientelistas, patronagens e concessões de relevantes privilégios para os legisladores. Ao se utilizar desses termos, Barry Ames não sugere que o Poder Legislativo brasileiro seja ineficiente; ao contrário, sua conclusão é que é um poder "muito ativo". No entanto, nossa crítica é que "essa atividade se volta com demasiada frequência para protelar a legislação

---

[48] CUNOW, Saul *et al*. Reelection and Legislative Power: surprising results from Brazil. *Legislative Studies Quarterly*, v. 37, p. 533-558, 2012. p. 534.
[49] SILVA JÚNIOR, José Alexandre da; PARANHOS, R.; FIGUEIREDO FILHO, D. B. DE QUE VALE SER INCUMBENT? A reeleição parlamentar no Brasil (1990-2014). *Política Hoje* (UFPE. Impresso). 2014. p. 13.
[50] AMES, Barry. *Op. cit*. p. 183.

até que o Executivo atenda aos pedidos particularistas de pequenos grupos de deputados".⁵¹

Segundo Barry Ames, assim, "os deputados que recebiam tais benefícios votaram pelo enfraquecimento do Legislativo e pelo fortalecimento do Executivo, e tinham mais probabilidade de ser contrários à intervenção do Estado, ao redistributivismo e à democracia popular", ou seja, "benefícios clientelistas compram – ou pelo menos alugam – deputados",⁵² pois "precisa[m] fazer alianças políticas municipais e estaduais, diminuindo o impacto da linha política do partido e, ao mesmo tempo, orientando o comportamento do legislador no sentido de atender a clientela local".⁵³ Carlos Pereira e Bernardo Mueller ratificam esse entendimento ao afirmar que "os legisladores que mais obtiveram sucesso em ver executadas suas emendas individuais ao orçamento também apresentaram um padrão de comportamento de voto no plenário da Câmara consistentemente favorável às preferências do Executivo".⁵⁴

Também estudando o caso brasileiro, não foi outra a conclusão de Miguel Reale, para quem o poder político e econômico do Poder Executivo o faz um "dispensador supremo de benesses", "num meio político de pouca ou nenhuma densidade ideológica [onde] tudo gira em torno do fulcro dos favores ou dos serviços reclamados pelos laços de clientela". Para o autor, é "fato sociológico" que a representação de vontades (sobretudo traduzidas na atuação administrativa positiva e concreta) prevalece em relação à representação de opiniões que deveria se expressar nos órgãos do Legislativo. Desse modo, embora a intenção inicial, para Miguel Reale, fosse de um sistema de eleição proporcional que fortalecesse os partidos políticos e os tornasse efetivamente independentes e nacionais, tais efeitos não são sentidos no Brasil.⁵⁵

Carlos Pereira e Lúcio Rennó também entendem que as características dos sistemas eleitoral e partidário, tanto nas eleições majoritárias

---

⁵¹ AMES, Barry. *Op. cit.* p. 179-180.
⁵² AMES, Barry. *Op. cit.* p. 197.
⁵³ LEONI, Eduardo; PEREIRA, Carlos; RENNO, Lúcio. *Op. cit.* p. 49. Ao falar da Câmara Municipal de Campos dos Goytacazes, a conclusão de Renato Barreto de Souza é a mesma: "A fragilidade dos partidos é outro estímulo severo às práticas clientelistas, pois impede a formação de blocos ou grupos capazes de formular políticas públicas baseadas em critérios universalistas e de atuar na fiscalização do executivo. Impera a negociação individual de cada parlamentar com o executivo, reforçando os acordos que levam à secundarização da atividade legislativa em troca do repasse de recursos do Executivo" (SOUZA, Renato Barreto de. *Op. cit.* p. 30).
⁵⁴ PEREIRA, Carlos; MUELLER, Bernardo. *Op. cit.* p. 759.
⁵⁵ REALE, Miguel. *Op. cit.* p. 119-122.

quanto nas proporcionais, fomentam uma individualização do candidato, afastando-o do partido ao qual é vinculado e fazendo com que a grei partidária se reduza apenas a pré-requisito para a inscrição eleitoral.[56] Como explica Jairo Nicolau:

> A literatura sobre os efeitos dos sistemas eleitorais chama a atenção para o fato de que a lista aberta estimula a predominância da reputação individual em detrimento da reputação partidária (CAREY; SHUGART, 1995). No Brasil, as evidências de personalização das campanhas são fortes. Cada candidato organiza sua campanha (participação em eventos, confecção de material, arrecadação de fundos e prestação de contas dos gastos) de maneira praticamente independente dos diretórios partidários. [...] O processo de votação atualmente em vigor no Brasil acaba por reforçar para o cidadão a ideia de uma disputa personalizada.[57]

O resultado do fato de que "os eleitores brasileiros desenvolveram mecanismos para escolha dos representantes à Câmara dos Deputados eminentemente personalizados e não partidários"[58] é que os partidos políticos "veem sua capacidade de pressão sobre seus membros minguar, tendo em vista a diminuição de sua influência na carreira política dos mesmos, deixando assim os candidatos à sua própria sorte".[59] Para Leoni, Pereira e Rennó, "como a grande maioria dos eleitores apoia candidatos, em vez de partidos, a eleição depende basicamente da capacidade dos candidatos de obterem votos para si próprios".[60]

Desse modo, os partidos, que deveriam ser um instrumento eficaz para despersonalização da disputa,[61] deixam de ser um atalho

---

[56] PEREIRA, Carlos; RENNO, Lucio. *O que é que o reeleito tem?* Dinâmicas político-institucionais locais e nacionais nas eleições de 1998 para a Câmara dos Deputados. Op. cit.

[57] NICOLAU, Jairo. Como Controlar o Representante? Considerações sobre as Eleições para a Câmara dos Deputados no Brasil. *Dados*, Rio de Janeiro, v. 45, n. 2, p. 219-236, 2002. Disponível em: http://www.scielo.br/scielo.php?script=sci_arttext&pid=S0011-52582002000200002. Acesso em: 23 mar. 2016. p. 223-224.

[58] NICOLAU, Jairo. *Como Controlar o Representante?* Considerações sobre as Eleições para a Câmara dos Deputados no Brasil. Op. cit. p. 225.

[59] PEREIRA, Carlos; RENNO, Lucio. *O que é que o reeleito tem?* Dinâmicas político-institucionais locais e nacionais nas eleições de 1998 para a Câmara dos Deputados. Op. cit.

[60] LEONI, Eduardo; PEREIRA, Carlos; RENNO, Lúcio. Op. cit. p. 64.

[61] CAMPOS, Adriana; SANTOS, Polianna Pereira dos. O princípio da fidelidade partidária e a possibilidade de perda de mandato por sua violação: uma análise segundo a jurisprudência do Supremo Tribunal Federal. *Revista do Instituto de Hermenêutica Jurídica – RIHJ*, Belo Horizonte, ano 11, n. 14, p. 13-34, jul./dez. 2013. Disponível em: http://www.editoraforum.com.br/ef/wp-content/uploads/2014/07/O-principio-da-fidelidade- partidaria.pdf. Acesso em: 8 jun. 2017.

para a decisão do voto do eleitor, mais pragmático e mais atraído ao personalismo do candidato.[62] Sobre o comportamento do eleitor, Carlos Pereira e Lúcio Rennó constataram que "os partidos têm pouca importância na arena eleitoral" principalmente pela sua irrelevância "na formação das preferências políticas do eleitorado e o consequente maior destaque ao candidato (LUCAS, 1997; RUA, 1997; METTENHEIM, 1995), e crescente pragmatismo do eleitor (BAQUERO, 1997)"; em relação ao primeiro ponto, os cientistas afirmam que "a ênfase na força política do candidato, em detrimento do partido, parece ser tanto uma consequência da legislação eleitoral quanto uma opção do próprio eleitor".[63] Mas a outra exposição de Pereira e Rennó talvez seja ainda mais interessante em razão de influenciar diretamente o comportamento do parlamentar/candidato: "as políticas locais (*pork barrel*) têm se tornado mais relevantes para o controle do desempenho dos parlamentares por parte dos eleitores do que a postura ideológica que eles assumem dentro do Congresso".[64]

Ou seja, o próprio sistema fomenta que, para alcançar sua reeleição, o deputado priorize políticas clientelistas ao invés de debates ideológico-partidários nacionalistas, o que ficou claro com o intenso debate ocasionado desde 2015 com a alocação das emendas impositivas, conforme destaca Eduardo Mendonça:

> Com efeito, o interesse dos deputados e senadores na realização de determinadas despesas acaba sendo utilizado como moeda de troca nas intrincadas articulações políticas, por vezes de forma ostensiva. Em teoria, evitar essa mercantilização do debate parlamentar seria uma revolução alentadora. Um olhar mais atento, porém, permite constatar que a emenda constitucional aprovada tem alcance muito mais limitado. Pior do que isso, e com o devido respeito, ela apenas confirma a pouca disposição do Congresso para interferir verdadeiramente na formatação

---

[62] SILVA JÚNIOR, José Alexandre da. *Op. cit.* p. 68.
[63] (PEREIRA, Carlos; RENNO, Lucio. *O que é que o reeleito tem? Dinâmicas político-institucionais locais e nacionais nas eleições de 1998 para a Câmara dos Deputados. Op. cit.*) Tratando da relação entre governos de coalizão e individualização das campanhas, Nicolau chegou à mesma conclusão em relação ao caso brasileiro: "O sistema político brasileiro pós-1985 seria um exemplo dessa combinação. De um lado, alta fragmentação partidária nas eleições para o Legislativo (NICOLAU, 1996) e estímulo a governos de coalizão (ABRANCHES, 1988; AMORIM NETO, 1998); de outro, um sistema eleitoral de lista aberta, que estimula o personalismo do candidato (NICOLAU, 1996; SHUGART, 2001)" (NICOLAU, Jairo. *Como Controlar o Representante? Considerações sobre as Eleições para a Câmara dos Deputados no Brasil. Op. cit.* p. 222-223).
[64] PEREIRA, Carlos; RENNO, Lucio. *O que é que o reeleito tem? Dinâmicas político-institucionais locais e nacionais nas eleições de 1998 para a Câmara dos Deputados. Op. cit.*

das grandes políticas públicas, substituída por uma lógica paroquial e personalista que seria apropriada em pequenas prefeituras.[65]

Carlos Pereira e Lúcio Rennó ainda afirmam que "os eleitores no Brasil se importam menos com algumas atividades dos parlamentares do que com outras". Assim, se por um lado os pesquisadores afirmam que "tanto a eficiência legislativa do deputado quanto o sucesso em efetivar políticas que beneficiam as clientelas locais, influenciam o grau de competição a ser travada nas bases eleitorais",[66] por outro esclarecem que

> a distribuição de benefícios locais proporciona muito mais retornos eleitorais do que as atividades legislativas dentro da Câmara ou as posições de voto assumidas em relação a uma determinada política. Na realidade, os interesses locais prevalecem na arena eleitoral porque as demandas locais parecem ter impacto mais forte no sucesso eleitoral.[67]

Ou seja, segundo concluíram Carlos Pereira e Lúcio Rennó, "a participação do deputado no processo legislativo bem como seu perfil de voto no Plenário da Câmara dos Deputados não influi diretamente nas suas chances de reeleição". Em sentido contrário, a atuação desse mesmo deputado enquanto agente angariador de benefícios específicos para sua base eleitoral gera dividendos eleitorais; outra forma do parlamentar maximizar seu potencial de reeleição é "ocupar posições hierárquicas nas comissões e nos partidos políticos". Entretanto, essa última (ocupar posições estratégicas) está intrinsecamente ligada à primeira (benefícios que cada deputado consegue para seu reduto eleitoral). É que, quanto mais elevado é o grau hierárquico ocupado, maior o poder de negociação e influência do parlamentar, o que o faz conseguir "mais acesso a recursos que possam ser utilizados na esfera local com o objetivo de ser reeleito". Nesse sentido, Carlos Pereira e Lúcio Rennó lecionam que "mesmo suas atividades nacionais são orientadas pelos interesses locais",[68] ou, "usando a terminologia de Fenno

---

[65] MENDONÇA, Eduardo. *O falso orçamento impositivo:* A institucionalização do patrimonialismo. *Op. cit.*
[66] PEREIRA, Carlos; RENNO, Lucio. *O que é que o reeleito tem? Dinâmicas político-institucionais locais e nacionais nas eleições de 1998 para a Câmara dos Deputados. Op. cit.*
[67] PEREIRA, Carlos; RENNO, Lucio. *O que é que o reeleito tem? Dinâmicas político-institucionais locais e nacionais nas eleições de 1998 para a Câmara dos Deputados. Op. cit.*
[68] PEREIRA, Carlos; RENNO, Lucio. *O que é que o reeleito tem? Dinâmicas político-institucionais locais e nacionais nas eleições de 1998 para a Câmara dos Deputados. Op. cit.*

(1978), o que importa para o sucesso eleitoral é o desenvolvimento de uma *home career*".[69]

Ainda é importante destacar que Pereira e Rennó esclarecem que alguns deputados são eleitos adotando estratégias nacionalistas e esses, provavelmente, são os mais conhecidos pela população em geral, mas são a exceção.[70] Além do mais, para Pereira e Rennó, "abdicar de uma estratégia local é uma decisão muito arriscada, pois obriga os deputados a tentarem constantemente criar fatos e eventos que os tornem visíveis, para assim compensarem a falta de vínculos mais estreitos com suas bases eleitorais".[71]

Em resumo, os estudos referentes às eleições para a Câmara dos Deputados de 1998 apontaram que:

> [...] o sistema político brasileiro gera vários incentivos para que os eleitores se preocupem mais com os benefícios locais do que com a performance nacional dos seus representantes. Isto faz com que a participação dos parlamentares no espaço nacional, principalmente nas atividades dentro da Câmara dos Deputados, seja orientada pela busca de benefícios que possam ser utilizados no espaço local, como forma de alcançarem maiores retornos eleitorais. A distribuição de benefícios locais, assim, proporciona muito mais retornos eleitorais do que as atividades legislativas dentro da Câmara ou as posições de voto assumidas em relação a uma determinada política. É importante enfatizar que a participação do deputado no processo legislativo bem como seu perfil de voto no plenário da Câmara dos Deputados não influíram diretamente nas suas chances de ser reeleito. Na realidade, os interesses locais prevalecem na arena eleitoral porque as demandas

---

[69] PEREIRA, Carlos; RENNO, Lucio. *O que é que o reeleito tem? O retorno: o esboço de uma teoria da reeleição no Brasil. Op. cit.* p. 670.

[70] (PEREIRA, Carlos; RENNO, Lucio. *O que é que o reeleito tem?* Dinâmicas político-institucionais locais e nacionais nas eleições de 1998 para a Câmara dos Deputados. *Op. cit.*) Assim também: "Se é muito difícil fazer isso por meio de um discurso politizado que valorize a ação parlamentar no sentido cívico da atividade política, a saída para a maioria é buscar essa diferenciação através da transferência de recursos individualizados. Os efeitos disso são danosos para a política local na medida em que alimentam a noção do Estado como uma entidade paternalista, apresentando, na maioria das vezes, o que é um direito como um favor prestado pela benevolência do vereador. São casos de patronagem explícita. Por outro lado, transforma o Legislativo em uma instituição homologadora das decisões do prefeito, contribuindo para que os gastos e políticas públicas não sejam devidamente fiscalizados. [...] É preciso ainda reconhecer que as estratégias, as opções baseadas nos valores cívicos republicanos que defendem a ações do Estado são reconhecidamente de baixo apelo eleitoral. Não há dúvidas de que, se o que os vereadores desejam é antes de tudo manter seus mandatos, a estratégia com maior potencial de sucesso é adotar práticas clientelistas" (SOUZA, Renato Barreto de. *Op. cit.* p. 30).

[71] PEREIRA, Carlos; RENNO, Lucio. *O que é que o reeleito tem?* Dinâmicas político-institucionais locais e nacionais nas eleições de 1998 para a Câmara dos Deputados. *Op. cit.*

locais parecem ter impacto mais forte no sucesso eleitoral. Mesmo o comportamento partidário, quando este acontece dentro da Câmara, segue esta lógica, pois são os líderes dos partidos e o executivo que controlam a distribuição de benefícios.[72]

O particularismo das disputas eleitorais e da atuação legislativa do parlamentar é o que fomenta a criação das bancadas de interesses, cuja atuação nos órgãos legislativos é mais forte que a dos próprios partidos políticos. Essas bancadas são um poder paralelo, sem coerência interna, e se estruturam visando a reeleição desses parlamentares que a compõem. Assim, preciso é o diagnóstico de Cármen Lúcia Antunes Rocha ao afirmar que um dos problemas que enfrentamos hoje é o de despersonalizar as eleições, notadamente para o Poder Legislativo, possibilitando ao eleitor escolher entre os partidos e não entre os candidatos. Para ela, inclusive, trata-se da importância fundamental de "construir uma Democracia representativa partidária".[73]

Outra evidência importante da antecipação da campanha eleitoral, tal qual constatado por Bruno Carazza, é que a atuação parlamentar direcionada para grupos de interesses determinados também interfere direta e positivamente no volume de recursos a serem arrecadados nas campanhas eleitorais. O estudo de Bruno Carazza não é sobre distributivismo, mas sobre as influências de determinados grupos individuais no processo legislativo. Segundo o autor, a interferência ocorre através dos deputados de maior influência no processo legislativo – com mais êxito na execução de programas de determinados grupos de interesses (inclusive econômicos); são esses deputados, conforme Bruno Carazza, que mais conseguem arrecadar recursos eleitorais desses grupos específicos, levando vantagem econômica e política no processo eleitoral futuro por sua atuação intracâmara.[74]

1.3 Um retrato da Câmara dos Deputados: demonstração de dados

Quando ligamos as premissas e as conclusões de Barry Ames, chegamos a certo retrato da Câmara dos Deputados brasileira, no qual

---

[72] PEREIRA, Carlos; RENNO, Lucio. *O que é que o reeleito tem?* O retorno: o esboço de uma teoria da reeleição no Brasil. *Op. cit.* p. 667.
[73] ROCHA, Cármen Lúcia Antunes. *Op. cit.*
[74] SANTOS, Bruno Carazza dos. *Interesses econômicos, representação política e produção legislativa no Brasil sob a ótica do financiamento de campanhas eleitorais.* Tese (doutorado) – Universidade Federal de Minas Gerais, Faculdade de Direito. 2016. p. 203-205.

prevalecem os municípios concentrados-dominantes.⁷⁵ Como esclarece Ames, "este é o clássico reduto eleitoral brasileiro, no qual um deputado domina um grupo de municípios contíguos". Essa dominância advém de várias causas, como o deputado "pertencer a uma família de longa preeminência econômica ou política numa determinada região; ele pode ter iniciado sua carreira política exercendo cargos locais; ou pode ter feito um acordo com caciques locais", o que, na maioria das vezes, reflete "relações tradicionais de empreguismo e clientelismo entre os políticos e eleitores". Isso implica o fato de que "outros candidatos raramente ousem competir com ele nesse reduto impenetrável".⁷⁶

Os deputados dominantes são, portanto, a maioria do Congresso, representam as regiões mais pobres do Brasil e tendem a lutar por um Executivo sempre muito mais forte que o Legislativo. É uma relação de coimplicação de força e poder. "A maioria dos deputados dominantes vem das regiões rurais e menos desenvolvidas" e "geralmente são mais antigos na Câmara e devem ter tido tempo suficiente para desenvolver um bom relacionamento com o chefe do Executivo". Como já têm essa relação com o chefe do Executivo, "esses deputados provavelmente relutam em ampliar a autoridade do Congresso porque isso enfraqueceria o monopólio da velha guarda no acesso ao Poder Executivo". Portanto, "os deputados que dominam em suas bases são mais propensos em apoiar o Executivo e menos tendentes a respaldar as prerrogativas do Congresso", isso porque "um Legislativo mais poderoso seria vantajoso para os novatos". É exatamente por essa relação de coimplicação de força e poder que "só a pequena minoria de deputados [é] preocupada acima de tudo com as leis de interesse nacional".⁷⁷

Nesse contexto, Barry Ames aponta que sua

> descoberta mais notável, sem dúvida alguma, foi a importância do fisiologismo nas posições relativas ao interesse público. Na Assembleia Constituinte, os deputados podiam ser comprados, ou pelo menos alugados, e os deputados que tinham sido beneficiados com verbas públicas para suas regiões votaram a favor do Executivo, contra o Congresso,

---

⁷⁵ Concentrado-dominante é o município no qual há pouca competição eleitoral. Geralmente, apenas um deputado federal possui a maioria dos votos da localidade. Nesses municípios a competição é difícil, pois o deputado líder de votos consegue reclamar para si, de uma maneira muito efetiva, todas as benesses que esse município venha a conseguir. Por isso diz-se que os votos desses Deputados são concentrados nesses municípios e lá eles terão dominância – ou seja, pouca competição eleitoral.
⁷⁶ AMES, Barry. *Op. cit.* p. 66-67.
⁷⁷ AMES, Barry. *Op. cit.* p. 183-186.

contra medidas trabalhistas e relutaram em apoiar a democracia popular.[78]

Barry Ames conclui que no Brasil o sistema político-eleitoral converge para a manutenção do *status quo*, daí que, "se você gosta das coisas como estão, a estabilidade é um bom resultado. Se não gosta, a estabilidade é um problema. A estabilidade das políticas encarcera a esmagadora maioria dos brasileiros na pobreza".[79]

Como já expusemos, em um levantamento de dados ainda maior, Carlos Pereira e Lúcio Rennó constatam que "nas últimas quinze eleições para a Câmara dos Deputados no Brasil a maioria dos parlamentares se candidatou à reeleição, uma média de 68%",[80] dos quais "67% em média obtiveram sucesso em todos esses episódios eleitorais".[81] Especificamente nas cinco eleições entre os anos de 199e a 2010,[82] Jairo Nicolau constatou que "os candidatos à reeleição apresentam médias de votos superiores as dos seus adversários. Por essa medida, os aspirantes à reeleição têm um desempenho seis vezes superior".[83]

Analisando apenas os candidatos para o cargo de deputado federal em 2010 do PT, PMDB, DEM e PSDB, Bruno Bolognesi concluiu que "não há diferença significativa entre os partidos na quantidade de candidatos à reeleição", sendo que, em cada partido, a média foi de 15,8% de candidatos que já eram mandatários contra 84,2% de candidatos que não tinham mandato.[84] Como é possível observar, ao menos no ano de 2010, a média de candidatos à reeleição por partido (15,8%)

---

[78] AMES, Barry. *Op. cit.* p. 339.
[79] AMES, Barry. *Op. cit.* p. 360.
[80] PEREIRA, Carlos; RENNO, Lucio. *O que é que o reeleito tem? O retorno: o esboço de uma teoria da reeleição no Brasil.* Op. cit. p. 666.
[81] PEREIRA, Carlos; RENNO, Lucio. *O que é que o reeleito tem? O retorno: o esboço de uma teoria da reeleição no Brasil.* Op. cit. p. 666. Esses dados foram corroborados por Paranhos *et al.*: "Feito os cálculos, verifica-se que em média 66% dos candidatos à reeleição alcançam sucesso. O pico é registrado em 2002 (71,5%). Por outro lado, o fracasso médio é de 30%, o valor mais alto é registrado em 2006 (39,7%). Mais que isso a uma única queda na taxa de sucesso entre 2002 (pico da série) e 2006, nos demais a curva é crescente" (PARANHOS, R.; SILVA JUNIOR, J. A.; FIGUEIREDO FILHO, D. B.; ROCHA, E. C. de. ONDE OS FRACOS NÃO TÊM VEZ. Reeleição parlamentar no Brasil (1994-2010). In: *IX ENCONTRO ABPC*. 2014, Brasília-DF. Anais Eletrônicos – IX ENCONTRO ABCP, 2014. p. 1-28. p. 12).
[82] 1994, 1998, 2002, 2006, 2010.
[83] PARANHOS, R.; SILVA JUNIOR, J. A.; FIGUEIREDO FILHO, D. B.; ROCHA, E. C. de. *Op. cit.* p. 10. Também em SILVA JÚNIOR, José Alexandre da. *Op. cit.* p. 42.
[84] BOLOGNESI, Bruno. A seleção de candidaturas no DEM, PMDB, PSDB e PT nas eleições legislativas federais brasileiras de 2010: percepções dos candidatos sobre a formação das listas. *Revista de Sociologia e Política*, v. 21, n. 46, p. 45-68, jun. 2013. Disponível em: www.scielo.br/pdf/rsocp/v21n46/04.pdf. Acesso em: 1 maio 2016. p. 54.

é muito inferior à média total dos candidatos à reeleição que são eleitos (70%), o que demonstra a importância de já se ter um mandato na Câmara dos Deputados.

Em levantamento também expressivo, Bruno Carazza identifica que o índice de reeleição de líderes partidários, cujo poder de influência intracâmara é maior, passou de 84% em todas as eleições analisadas (2002, 2006 e 2010).[85]

No que se refere à reeleição para a Câmara dos Deputados em 2014, Jairo Nicolau chegou à conclusão que, dos 386 que tentaram, 269 deputados federais conseguiram se reeleger em 2014. Logo, "entre os que se recandidataram, 70% se reelegeram e 30% foram derrotados".[86] Por isso é que, por mais que se diga que "os dados sugerem que o exercício do mandato não é capaz de selar a sorte deles",[87] trata-se, sem dúvida, de salto muito relevante para o êxito na disputa, pois a maioria (média de cerca de 70%) dos que decidem recandidatar se reelegem.[88] O resultado de Jairo Nicolau sobre as eleições de 2014 demonstra uma tendência advinda de várias eleições anteriores, conforme identificado por Silva Júnior, Paranhos e Figueiredo Filho, para quem desde as eleições de 1990 o percentual de recandidatos eleitos é, em média, superior a 60%.[89]

A eleição de 2018 foi uma exceção à regra (de cerca de 70% de reeleição dos parlamentares mandatários que se recandidatam), pois, de um total de 444 candidatos à reeleição em 2018, 251 foram reeleitos, perfazendo um percentual de 56,5% de êxito na reeleição. Outros 19 ex-deputados (que já tinham sido deputados, mas não eram candidatos à reeleição imediata) foram eleitos naquela eleição, representando um total de 3,7% dos eleitos. Apenas 243 dos 513 deputados eleitos em 2018 foram para o seu primeiro mandato. É importante destacar que o índice de 2018 foi inferior à média de 70% em razão daquela ter sido uma eleição atípica: o presidente eleito, Jair Bolsonaro, é um *outsider*[90] com pouca afinidade a partido político específico, que acabou conseguindo

---

[85] SANTOS, Bruno Carazza dos. *Op. cit.* p. 108.
[86] NICOLAU, Jairo. *Op. cit.* p. 230.
[87] PARANHOS, R.; SILVA JUNIOR, J. A.; FIGUEIREDO FILHO, D. B.; ROCHA, E. C. de. *Op. cit.* p. 18.
[88] Analisando a reeleição para a Câmara dos Deputados entre Brasil e Colômbia, Botero e Rennó concluem que, em ambos os países, a maioria dos que almejam a reeleição logra êxito. (BOTERO, Felipe; RENNO, Lucio R. Career choice and legislative reelection: evidence from Brazil and Colombia. Braz. *Political Sci. Rev.* (On-line), Rio de Janeiro, v. 1, Selected Edition, 2007. Disponível em: http://socialsciences.scielo.org/scielo.php?script=sci_arttext&pid=S1981-38212007000100001. Acesso em: 29 abr. 2016. p. 114).
[89] SILVA JÚNIOR, José Alexandre da; PARANHOS, R.; FIGUEIREDO FILHO, D. B. *Op. cit.* p. 16.
[90] Ver crítica da professora Eneida Desiree Salgado, no prefácio deste livro, sobre a utilização do termo "outsider" para o presidente. Em tempo: a dissertação que originou o livro é de 2017, de forma que a utilização do termo não passou pelo processo de orientação e banca.

"puxar" votos para seus apoiadores que se candidatavam à primeira vez para a Câmara dos Deputados.[91] As taxas de reeleição dos deputados federais, portanto, podem até mesmo ser comparadas às dos candidatos ao Poder Executivo. A média de reeleição entre os já parlamentares é maior que a média de reeleição de Prefeitos e semelhante à média de reeleição dos Governadores,[92] o que sugere que, independentemente do Poder (Executivo ou Legislativo), é o fato de já ser mandatário que impulsiona a recandidatura.

Ratificando o que estamos expondo, Renato Perissinotto e Angel Miríade realizaram estudo quantitativo buscando demonstrar os caminhos mais viáveis para eleger um deputado federal nas eleições brasileiras de 2006. A mais importante constatação do trabalho, como vemos da tabela[93] seguinte, é que ser político profissional ainda é a principal ocupação daqueles que logram a eleição:

TABELA 1 – PROFISSÃO DOS CANDIDATOS E ELEITOS PARA A CÂMARA DOS DEPUTADOS NAS ELEIÇÕES DE 2006

Ocupação	Candidatos (%)[94]	Eleitos (%)[95]
Advogado	10,1	8,8
Assalariado urbano	8,2	1,8
Comerciante	5,9	1,6
Empresário	7,7	6,2
Engenheiro	2,1	4,7
Funcionário público	8,5	2,1
Médico	4,4	8,0
Político	10,7	46,8[96]

Fonte: Núcleo de Estudo em Sociologia Política (NUSP)/Universidade Federal do Paraná (UFPR) e TSE

---

[91] BRASIL. Câmara dos Deputados. *Câmara tem 243 deputados novos e renovação de 47,3%*. Op. Cit.
[92] Analisadas todas as eleições para Governador (1998, 2002, 2006, 2010, 2014) e para Prefeito (2000, 2004, 2008, 2012), a média de reeleição daqueles é de 69% e destes é de 61%. (O GLOBO. *Maioria dos políticos em cargos executivos conseguiu se reeleger no país*. Disponível em: http://oglobo.globo.com/brasil/maioria-dos-politicos-em-cargos-executivos-conseguiu-se-reeleger-no-pais-16372095. Acesso em: 29 abr. 2016).
[93] PERISSINOTTO, Renato Monseff; MIRIADE, Angel. Caminhos para o parlamento: candidatos e eleitos nas eleições para deputado federal em 2006. *Dados*, Rio de Janeiro, v. 52, n. 2, p. 301-333, June 2009. Disponível em: http://www.scielo.br/scielo.php?script=sci_arttext&pid=S0011-52582009000200002&lng=en&nrm=iso. Acesso em: 19 mar. 2016. p. 305.
[94] Nº = 4937.
[95] Nº = 513.
[96] 42,5% se declararam deputados; 4,1%, vereadores e 0,2%, senador.

Para ficar mais clara a importância de ser um político profissional, basta comparar a referida variável com a ocupação "advogado". Ao fazer esse exercício, é possível perceber que advogados e políticos tiveram uma quantidade percentual aproximada de candidatos (10,1% e 10,7%, respectivamente). Entretanto, a discrepância do percentual de eleitos entre as duas variáveis é notória, já que apenas 8,8% dos eleitos deputados federais em 2006 eram advogados, ao passo que 46,8% já eram políticos. Disso se constata que ser político é a maneira mais viável, por muito, para continuar na política.

Da análise da tabela anterior, Renato Perissinotto e Angel Miríade concluem:

> Isso sugere que o mais importante atributo para passar da condição de candidato à de eleito consiste em já ser ou já ter sido político. Assim, quando analisamos os dois universos acima a partir da variável ocupação, já começamos a perceber que a inclusão de alguns candidatos entre os eleitos tem muito a ver com a sua inserção prévia na vida política. Ou seja, parece que o capital político amealhado pelo indivíduo é mais decisivo para que ele seja eleito do que o seu sexo ou a sua atividade profissional anterior à entrada na política.[97]

Analisando as chances de eleger um determinado candidato, Perissinotto e Miríade constataram que "ser político profissional e, em especial, ser deputado aumenta muito as chances de sucesso eleitoral. Ser deputado aumenta em quase vinte vezes a possibilidade de um candidato vir a ser eleito".[98] Entretanto, outras duas variáveis são igualmente relevantes para a presente obra: ter sido vereador praticamente dobrou as chances para eleição à Câmara dos Deputados de 2006, ao passo que ser político profissional[99] aumentou em mais de dez vezes a probabilidade de eleição para o mesmo cargo.

Perissinotto e Miríade ressaltam que:

> os políticos compõem não só a maioria do universo dos candidatos em todos os partidos mas também, de longe, conquistam a maioria das vagas entre os eleitos (ver Tabela 4). Desse modo, por mais que os partidos tenham aberto a sua lista à participação de indivíduos oriundos das mais diversas profissões (ainda que predominantemente dos estratos médios da sociedade), os dados de 2006 apontam para um domínio

---

[97] PERISSINOTTO, Renato Monseff; MIRÍADE, Angel. Op. cit. p. 306-307.
[98] PERISSINOTTO, Renato Monseff; MIRÍADE, Angel. Op. cit. p. 308.
[99] Essa variável não inclui os dados dos que se declararam Deputado e/ou Vereador.

acentuado por parte daqueles que são os profissionais do campo. Lembre-se de que isso ocorre mesmo com o fim da "candidatura nata" para ocupantes de cargos eletivos, decidido pelo Supremo Tribunal Federal (STF) em 2002.[100]

Mesmo nos percentuais de candidatos e eleitos por espectro ideológico[101] (direita, centro e esquerda) não há muita variação entre a excessiva eleição dos já políticos. Do total de candidatos dos partidos de direita, 11,3% se declararam políticos, sendo que essa mesma categoria representou 47,6% dos eleitos no referido espectro ideológico; 20,2% foi o percentual de políticos candidatos pelo centro, com 51,% de eleitos; e 9,9% se declararam políticos e foram candidatos pela esquerda, conseguindo 44,5% do total de eleitos nesse espectro. A partir daí, Perissinotto e Miríade ressaltam que "os políticos não representam apenas um alto percentual entre os candidatos mas também um alto percentual entre os eleitos em qualquer que seja a posição ideológica analisada".[102] Para os cientistas políticos, tais dados levam à profissionalização do político, fazendo com que este se aproxime das lideranças partidárias (nos casos poucos prováveis em que já não sejam essa liderança) no controle das ações políticas do partido. Assim:

> Esses dados, ainda que válidos apenas para 2006, reforçam a tese de que tem ocorrido uma crescente profissionalização da política, o que faz com que os políticos de profissão tenham grandes vantagens na luta por um cargo. Entre elas, talvez a principal, como lembra Mosca (1939), seja o apoio preferencial das minorias organizadas que controlam os partidos políticos, das quais, aliás, provavelmente façam parte.[103]

---

[100] PERISSINOTTO, Renato Monseff; MIRIADE, Angel. *Op. cit.* p. 313.
[101] "Valendo-nos dos critérios utilizados pela literatura (e do senso comum político-ideológico), fizemos a seguinte agregação: partidos de direita – PRB, PP, PTB, PSL, PTN, PSC, PL, PFL, PSDC, PRP, Prona, PT do B; partidos de centro – PMDB e PSDB; partidos de esquerda – PDT, PT, PSTU, PCB, PPS, PCO, PSB, PV, PSOL, PCdoB. Por falta de informação, alguns partidos foram classificados como "indefinidos", sendo esse o caso do PAN, do PRTB, do PHS, do PMN e do PTC21. Alguns autores utilizam uma classificação mais detalhada, incluindo outras categorias, como centro-esquerda, centro-direita, extrema esquerda e extrema direita. Acreditamos que essa classificação se mostra mais útil quando se trata de captar a posição ideológica autodeclarada de alguns indivíduos, já que permite ao entrevistador apresentar a questão do modo mais flexível ao respondente, evitando, assim, uma rejeição à pergunta." (PERISSINOTTO, Renato Monseff; MIRÍADE, Angel. *Op. cit.* p. 311).
[102] PERISSINOTTO, Renato Monseff; MIRÍADE, Angel. *Op. cit.* p. 315.
[103] PERISSINOTTO, Renato Monseff; MIRÍADE, Angel. *Op. cit.* p. 315.

É por isso que Perissinotto e Miríade afirmam que, ao menos nas eleições para a Câmara dos Deputados em 2006, o importante era já estar inserido na política e, principalmente, já ter atuado como deputado. Portanto, em qualquer que seja o espectro ideológico (direita, centro ou esquerda), "a lógica da competição política da democracia representativa não admite amadorismo".[104] Os autores sugerem que o resultado desse processo crescente de profissionalização da política seja o seguinte:

> O campo político, sob o impacto da crescente complexidade social e do sufrágio universal, tende a ser, cada vez mais, um espaço reservado aos indivíduos oriundos das classes médias que, para se elegerem seguidamente, têm de fazer da política uma atividade profissional de tempo integral. Nesse processo, o acúmulo de capital político (objetivado no controle da máquina partidária, no acesso a cargos, na rede de relações políticas e na "força eleitoral") torna esses profissionais capazes de controlar ostensivamente o universo da representação política. Esse fato, se pudesse ser generalizado para as eleições anteriores e se for aprofundado no futuro, colocaria evidentes problemas para a democracia representativa brasileira, que se poderia tornar cada vez menos democrática (i.e., cada vez mais fechada aos outros estratos da população) e cada vez menos representativa (i.e., dominada por políticos preocupados quase que exclusivamente com sua reeleição).[105]

Essa profissionalização tem refletido tanto no processo eleitoral que nas seis eleições analisadas por Silva Júnior, Paranhos e Figueiredo Filho (entre 1990 e 2014), o número de candidatos à reeleição efetivamente reeleitos obteve cinco acréscimos e apenas uma redução (no ano de 2006). Desse modo, "a performance enquanto *incumbent*[106] garante uma taxa de reeleição maior durante toda a série", ou seja, "a análise revela que os *incumbents* melhoram seu desempenho eleitoral na disputa pela reeleição" e essa vantagem é estável.[107]

Eis, então, o perfil do político profissional brasileiro:

> O político profissional moderno é um homem que exerce sua atividade em caráter permanente, vive profissionalmente da política, age no sentido de buscar maximizar seus desempenhos eleitorais. Para

---

[104] PERISSINOTTO, Renato Monseff; MIRIADE, Angel. *Op. cit.* p. 319-320.
[105] PERISSINOTTO, Renato Monseff; MIRIADE, Angel. *Op. cit.* p. 320-321.
[106] Por *incumbent*, leia-se mandatário.
[107] SILVA JÚNIOR, José Alexandre da; PARANHOS, R.; FIGUEIREDO FILHO, D. *Op. cit.* p. 16-24.

tanto lança mão de um conjunto de funcionários profissionalizados, hierarquicamente submetidos, e busca com todas as suas forças controlar fontes distribuidoras de recursos estratégicos que atendam às demandas de suas clientelas e permitam assim agradar o eleitor que deve ser disputado em um grande "mercado eleitoral".[108]

O Departamento Intersindical de Assessoria Parlamentar (DIAP) realiza anualmente o estudo sobre *Os "Cabeças" do Congresso Nacional: uma pesquisa sobre os 100 parlamentares mais influentes*, buscando identificar quem são os atores políticos mais poderosos no Congresso brasileiro.[109] Como resultado da pesquisa, o DIAP apresenta:

> A experiência é um requisito importante para ingresso no restrito grupo de parlamentares que lideram a tomada de decisão no Congresso.
> [...]
> A regra, como se observa, é que o parlamentar está realmente maduro para influenciar a tomada de decisão no Congresso Nacional a partir do segundo mandato.[110]

Somamos a isso a seguinte tabela:[111]

TABELA 2 – "CABEÇAS" 2021 POR NÚMERO DE MANDATOS

Mandato	1º	2º	3º	4º	5º	6º	7º	Total
Deputado	17	7	14	14	6	5	3	66
Senador	23	8	1	2	-	-	-	34
Total	40	15	15	16	6	5	3	100

Por isso é que "o aspecto mais notável desses dados é a alta proporção dos legisladores que concorreram à reeleição", tratando-se, inclusive, "de uma porcentagem mais alta da que ocorre na maioria dos outros países da América Latina".[112]

---

[108] SOUZA, Renato Barreto de. *Op. cit.* p. 31.
[109] "Poderoso aqui é entendido como alguém hábil, experiente, especializado, ou que detém recursos – materiais, econômicos, organizacionais, humanos, técnicos, partidários, ideológicos ou regionais – e capacidade de convertê-los em poder e, portanto, em liderança. No Parlamento, como na sociedade, há os que lideram – geralmente em menor número – e os liderados, em maior número." (QUEIROZ, Antônio Augusto de. (coord.). *Os "Cabeças" do Congresso Nacional*: uma pesquisa sobre os 100 parlamentares mais influentes. 28. ed. Brasília, Diap, 2021. p. 08).
[110] QUEIROZ, Antônio Augusto de (coord.). *Op. cit.* p. 25-26.
[111] QUEIROZ, Antônio Augusto de (coord.). *Op. cit.* p. 27.
[112] LEONI, Eduardo; PEREIRA, Carlos; RENNO, Lúcio. *Op. cit.* p. 46.

Esses dados são nossa fonte principal para afirmar que há uma alta taxa de sucesso na reeleição daqueles candidatos que a almejam (cerca de 70%), razão pela qual entendemos por necessário refletir sobre as implicações eleitorais desses fatores, especialmente no que concerne à igualdade de chances entre mandatários e desafiantes nas eleições.

CAPÍTULO 2

IMPACTOS ELEITORAIS DO EXERCÍCIO DO PODER POLÍTICO NA CÂMARA DOS DEPUTADOS

Sem a pretensão de pormenorizar o tema, dada sua extensão, entendemos essencial à discussão jurídica erigir bases mínimas acerca do princípio da supremacia da Constituição antes de tratar, especificamente, das implicações eleitorais das distorções e utilização do poder político na Câmara dos Deputados.

Estamos cientes das precisas observações de Roberto Gargarela quanto aos riscos (inclusive de possíveis abusos) da interpretação constitucional, sobre a qual se reflete há inúmeros anos, sem, contudo, chegar-se a pontos mais pacíficos acerca de como fazê-la. Como esclarece o mesmo autor, ao citar um autor X ou Y, estaremos predefinindo o julgamento.[113] No entanto, são riscos que precisamos correr, sob pena de, ao tentar evitá-los, não nos aventurarmos no debate.

É preciso, pois, demonstrar que partimos da ideia de supremacia da Constituição face às demais leis e, principalmente, de "unidade" do Direito sob o pálio da constitucionalidade.[114] Isto em razão de que, segundo lições dos professores Clèmerson Merlin Clève e Bruno Meneses Lorenzetto, "a Constituição consagra o Estado Democrático de Direito, refunda a República e aponta para o norte de um processo contínuo de reconstrução nacional".[115]

---

[113] GARGARELA, Roberto. *El derecho a la protesta social*. Disponível em: http://www.derechoyhumanidades.uchile.cl/index.php/RDH/article/view/16204/16744. Acesso em: 30 mar. 2017.

[114] PEREIRA, Rodolfo Viana. *Compreensão e constituição*: a interpretação constitucional após o giro hermenêutico. Dissertação. UFMG: Belo Horizonte, 2001. p. 112.

[115] CLÈVE, Clèmerson Merlin; LORENZETTO, Bruno Meneses. *Governo democrático e jurisdição constitucional*. Belo Horizonte: Fórum, 2016. p. 174.

Sobre o tema, explica o professor Rodolfo Viana Pereira:

a Constituição vai, então, "*refundar*" todo o Direito, implicando uma incisão compreensiva nos limites e extensão das possibilidades significativas de todo o resto do ordenamento. Ela passa a representar, portanto, o que aqui tem-se denominado *locus* hermenêutico; o 'lugar' a partir do qual há uma conformação das possibilidades de sentido de todas as normas inferiores, não tendo como, pois, compreender, interpretar e aplicar o Direito independentemente do padrão constitucional.[116]

Assim, Luis Prieto Sanchis se refere à Constituição "como verdadeira norma jurídica, como fonte de direitos e obrigações".[117] Tem-se a ideia de constitucionalização do direito "associada a um efeito expansivo das normas constitucionais, cujo conteúdo material e axiológico se irradia, com força normativa, por todo o sistema jurídico", reconhecendo que "os valores, os fins públicos e os comportamentos contemplados nos princípios e regras da Constituição passam a condicionar a validade e o sentido de todas as normas do direito infraconstitucional".[118]

Compreende-se, então, a Constituição "como um conjunto de valores, princípios e regras, que conformam o ordenamento jurídico e a vida em sociedade, com força normativa e concepção democrática".[119] No mesmo sentido, Canotilho expõe que a Constituição é a "revelação normativa do consenso fundamental de uma comunidade política relativamente a princípios, valores e ideias directrizes que servem de padrões de conduta política e jurídica nessa comunidade".[120]

Assim, segundo Inocêncio Mártires Coelho, "sendo um instrumento por excelência de integração social, em sentido amplo, na medida em que funda e mantém a ordem jurídica, assim como produz e preserva a unidade política", deve-se pagar o preço da preservação

---

[116] PEREIRA, Rodolfo Viana. *Compreensão e constituição*: a interpretação constitucional após o giro hermenêutico. Dissertação. Op. cit. p. 112.

[117] (Original: "Constitución como verdadera norma jurídica, como fuente de derechos y obligaciones") SANCHÍS, Luis Prieto. Notas sobre la interpretación constitucional. *Revista del Centro de Estudios Constitucionales*, Madrid, Centro de Estudios Constitucionales, n. 9, p. 176 et seq., mayo/ago. 1991. p. 175.

[118] BARROSO, Luís Roberto. *O novo direito constitucional brasileiro*: contribuições para a construção teórica e prática da jurisdição constitucional no Brasil. 3. reimpr. Belo Horizonte: Fórum, 2014. p. 201-202.

[119] SALGADO, Eneida Desiree. *Princípios constitucionais estruturantes do direito eleitoral*. 2010. 356f. Tese (Doutorado em Direito) – Programa de Pós-Graduação em Direito, Universidade Federal do Paraná, Paraná, 2010. p. 8.

[120] CANOTILHO, José Joaquim Gomes. *Direito Constitucional e Teoria da Constituição*. 7. ed. Coimbra: Almedina, 2003. p. 1.438.

dos seus valores e respeitar as suas disposições, as quais muitas vezes são, intencionalmente, abertas e pluralistas, "para legitimar e preservar as regras do jogo e, ao mesmo tempo [e sobretudo], evitar que elas se fossilizem e impeçam as disputas que as regem e mantêm vivas as instituições".[121]

As Constituições contemporâneas, produtos da Modernidade,[122] encarnam os valores superiores da comunidade política e devem fecundar o sistema jurídico; no Brasil hoje a constitucionalização, ainda que de maneira incompleta, já é uma realidade.[123] Por isso é que, em razão do efeito irradiante das Constituições, "os preceitos legais, conceitos e institutos dos mais variados ramos do ordenamento, submetem-se a uma filtragem constitucional", tendo como consequência natural "que os princípios e valores da Constituição estão mudando a fisionomia do ordenamento jurídico brasileiro".[124]

Na doutrina de Ruy Samuel Espíndola:

> Nesse norte, os princípios constitucionais, como diretivas normativas e hermenêuticas, conferem e dão autoridade aos grandes valores

---

[121] COELHO, Inocêncio Mártires. Apresentação. *In*: GRIMM, Dieter. *Constituição e política*. Belo Horizonte: Del Rey, 2006.

[122] Embora o capítulo destinado aos aspectos sobre poder e sua limitação seja o terceiro, entendemos relevante colocar aqui as lições de Cláudio Pereira de Souza Neto e Daniel Sarmento sobre o que entendem por constitucionalismo moderno: "O constitucionalismo moderno sustenta a limitação jurídica do poder do Estado em favor da liberdade individual. Ele surgiu na Modernidade, como forma de superação do Estado Absolutista, em que os monarcas não estavam sujeitos ao Direito – eram *legibus solutos*. [...] O constitucionalismo moderno se assenta em três pilares: a contenção do poder dos governantes, por meio da separação de poder; a garantia de direitos individuais, concebidos como direitos negativos oponíveis ao Estado; e a necessidade de legitimação do governo pelo consentimento dos governantes, pela via da democracia representativa". SOUZA NETO, Cláudio Pereira de; SARMENTO, Daniel. *Direito constitucional*: teoria, história e métodos de trabalho. 2. ed. 3. reimpr. Belo Horizonte: Fórum, 2007. p. 72-74.

[123] SOUZA NETO, Cláudio Pereira de; SARMENTO, Daniel. *Op. cit.* p. 42-43. Luís Roberto Barroso compartilha da mesma visão sobre o processo de constitucionalização no Brasil: "O surgimento de um sentimento constitucional no País é algo que merece ser celebrado. Trata-se de um sentimento ainda tímido, mas real e sincero, de maior respeito pela Lei Maior, a despeito da volubilidade de seu texto. É um grande progresso. Superamos a crônica indiferença que, historicamente, se manteve em relação à Constituição". BARROSO, Luís Roberto. *Op. cit.* p. 191.

[124] SOUZA NETO, Cláudio Pereira de; SARMENTO, Daniel. *Op. cit.* p. 43-46. Em outra passagem, os mesmos autores explicam que filtragem constitucional é interpretar todas as normas à luz da Constituição, buscando conferi-las à exegese que mais homenageie os valores constitucionais, promovendo seus objetivos. SOUZA NETO, Cláudio Pereira de; SARMENTO, Daniel. *Op. cit.* p. 202. No mesmo sentido, para Luís Roberto Barroso, filtragem constitucional é o fenômeno que faz com que "toda a ordem jurídica deve ser lida e apreendida sob a lente da Constituição, de modo a realizar os valores nela consagrados" (BARROSO, Luís Roberto. *Op. cit.* p. 211).

éticos, políticos e jurídicos da democracia contemporânea, da democracia brasileira planejada em termos jurídicos pela nossa vigente Constituição.[125]

Para o professor Luís Roberto Barroso, "a Constituição passou a desfrutar já não apenas da supremacia formal que sempre teve, mas também de uma supremacia material, axiológica, potencializada pela abertura do sistema jurídico e pela normatividade de seus princípios".[126] Por isso é que Eneida Desiree Salgado aponta para um Estado de Direito qualificado – em que "os poderes públicos e os particulares se submetem à lei regularmente elaborada, mas desde que observados os valores e princípios constitucionais, substancialmente considerados" – que altera a própria natureza da democracia, passando a ser limitada e completada por direitos fundamentais.[127] Democracia esta, tal como para Carlos Ayres Britto, que é princípio, meio e fim, "valor continente, que repassa seu conteúdo para as demais normas constitucionais".[128]

Não se desconhece, é verdade, que "a observância efetiva da Constituição depende da adesão do povo para o qual a Constituição se destina" ou, em outras palavras, "de uma cultura constitucional, caracterizada pela generalizada adesão do povo à Constituição estatal, que ocorre quando este a toma como algo que é seu, e pelo qual vale a pena lutar".[129] Por isso, suplicou Ruy Samuel Espíndola:

> É preciso que em cada petição, em cada arrazoado, em cada parecer, em cada sentença, em cada discussão parlamentar, em cada conjunto de intenções político-administrativas, em cada aula, em cada discurso público, em cada momento da vida política individual e comunitária, os

---

[125] ESPÍNDOLA, Ruy Samuel. *Democracia, Constituição e princípios constitucionais*: notas de reflexão crítica no âmbito do direito constitucional brasileiro. Disponível em: http://www.tre-sc.jus.br/site/resenha-eleitoral/revista-tecnica/edicoes-impressas/integra/2012/06/democracia-constituicao-e-principios-constitucionais-notas-de-reflexao-critica-no-ambito-do-direito-constitucional-brasileiro/indexc692.html?no_cache=1&cHash=b7bf79b129bc42f148fe4b5e477aa8bf. Acesso em: 31 maio 2017.
[126] BARROSO, Luís Roberto. *Op. cit.* p. 210.
[127] SALGADO, Eneida Desiree. *Princípios constitucionais estruturantes do direito eleitoral. Op. cit.* p. 14-18.
[128] SALGADO, Eneida Desiree. *Princípios constitucionais estruturantes do direito eleitoral. Op. cit.* p. 20.
[129] SOUZA NETO, Cláudio Pereira de; SARMENTO, Daniel. *Op. cit.* p. 40 e 26. Clèmerson Merlin Clève e Bruno Meneses Lorenzetto batizam tal fenômeno de vontade constitucional: "O conteúdo normativo da Constituição não se realiza por si próprio. Depende, antes, da prática reiterada de condutas que o concretizem e o vivifiquem. É preciso, portanto, vontade de Constituição e cultura constitucional". CLÈVE, Clèmerson Merlin; LORENZETTO, Bruno Meneses. *Op. cit.* p. 174.

princípios constitucionais e a Constituição sejam compreendidos como as grandes trincheiras (e espadas) históricas, construídas para a salvaguarda dos grandes valores éticos, políticos e jurídicos que protegem o homem e a sociedade contra a ação antidemocrática e inconstitucional de poderes arbitrários, autoritários e pseudolegitimados pelas circunstâncias e por interesses políticos que nem sempre se amoldam aos fins e aos valores constitucionais.[130]

Como a sociedade brasileira vem, desde a Constituição de 1988, "manifestando seu compromisso com a solução dos conflitos políticos por meio dos mecanismos previstos na própria Constituição", é a partir deste ponto que, tentando não cair no erro do "excesso de constitucionalização do Direito",[131] o presente trabalho buscará fazer a filtragem constitucional do fenômeno do distributivismo tratado no capítulo anterior e suas influências nas disputas eleitorais.

A acuidade dessa reflexão se revela, como vaticinado por Fávila Ribeiro, na importância de se preservar os pontos (ou, como denominaremos, princípios) fundamentais do nosso regime político, que não podem suportar candidamente astuciosas manipulações que possam neles interferir.[132] Até porque, frisa Reinhold Zippelius, "apenas uma democracia estruturada com base nos princípios do Estado de Direito é também uma democracia livre".[133]

2.1 Princípios constitucionais estruturantes do Direito Eleitoral e práticas distributivistas: uma leitura a partir de Eneida Desiree Salgado

Eneida Desiree Salgado, em sua tese de doutoramento, faz uma análise de cinco princípios constitucionais estruturantes do Direito Eleitoral brasileiro. Nas palavras da própria autora, "todos esses princípios setoriais estruturantes estão para além do debate político. Nenhuma vontade majoritária pode afastá-los, nenhuma decisão judicial pode desviar-se deles. São princípios inatingíveis, que conformam o Estado brasileiro".[134] Segundo Salgado, esses princípios são fundamentos do

---

[130] ESPÍNDOLA, Ruy Samuel. *Op. cit.*
[131] SOUZA NETO, Cláudio Pereira de; SARMENTO, Daniel. *Op. cit.* p. 42-46.
[132] RIBEIRO, Fávila. *Abuso de poder no direito eleitoral*. Rio de Janeiro: Forense, 1998. p. 26.
[133] ZIPPELIUS, Reinhold. *Introdução ao estudo do direito*. Trad. Gercélia Batista de Oliveira Mendes. Belo Horizonte: Del Rey, 2006. p. 117.
[134] SALGADO, Eneida Desiree. *Princípios constitucionais estruturantes do direito eleitoral*. *Op. cit.* p. 67.

regime político-eleitoral e "consubstanciam as decisões constitucionais estruturantes, condicionam a interpretação das demais normas constitucionais e são critérios de validade das leis eleitorais e de justificação das decisões judiciais".[135] Os princípios apontados pela autora são: (i) princípio constitucional da autenticidade eleitoral; (ii) princípio constitucional da liberdade para o exercício do mandato; (iii) princípio constitucional da necessária participação das minorias no debate público e nas instituições políticas; (iv) princípio constitucional da máxima igualdade na disputa eleitoral; e (v) princípio constitucional da legalidade específica em matéria eleitoral.

Neste livro será priorizada a análise dos impactos eleitorais do distributivismo em relação aos quatro primeiros princípios, uma vez que o tema não toca de maneira candente a legalidade específica em matéria eleitoral, razão pela qual este não será abordado aqui.

Como se vê, Salgado não elencou de forma direta entre seus princípios constitucionais estruturantes do Direito Eleitoral vários fundamentos e princípios próprios do Estado Democrático de Direito brasileiro, como, por exemplo, os princípios democrático e republicano, a soberania popular, a cidadania, a dignidade da pessoa humana e o pluralismo político. Em outra tese de doutoramento sobre princípios constitucionais eleitorais, Alexis Galiás de Souza Vargas faz ressalva que parece servir à obra de Eneida Desiree Salgado:

> É certo que alguns princípios fundamentais da Constituição brasileira afetam direta e intensamente o direito eleitoral. Mesmo assim, não podemos dizer que são princípios de direito eleitoral. E, exatamente por isso, não fazem parte do rol de princípios tratados neste estudo. São, em verdade, princípios de maior relevo e abrangência, que têm forte impacto também sobre o direito eleitoral.[136]

Essa explicação nos parece necessária, seja ao trabalho de Salgado, seja a este livro, já que por inúmeras vezes serão mencionados esses princípios de afetação direta e intensa ao Direito Eleitoral, como os princípios já citados, sabendo-se a força do seu impacto no Direito Eleitoral, ante sua relevância constitucionalmente atribuída

---

[135] SALGADO, Eneida Desiree. *Princípios constitucionais estruturantes do direito eleitoral*. Op. cit. p. 104.
[136] VARGAS, Alexis Galiás de Souza. *Princípios constitucionais de direito eleitoral*. 2009. 228f. Tese (Doutorado em Direito), Pontifícia Universidade Católica de São Paulo, São Paulo. 2009. p. 68. Manuel Aragón também trata da eficácia jurídica do princípio democrático em ARAGÓN, Manuel. La eficacia jurídica del principio democrático. *Revista Española de Derecho Constitucional*, Madrid, año 8, v. 24, p. 9-45, sep./dec. 1985.

pelo constituinte originário, sem, contudo, descuidarmos que esta pesquisa parte dos princípios descritos por Salgado, que, em verdade, são aplicações ao Direito Eleitoral destes outros princípios de maior abrangência, como o republicano e o democrático.

Desse modo, como justificação do trabalho empreendido por Eneida Desiree Salgado, o professor Romeu Felipe Bacellar Filho contextualiza que "a supremacia da Constituição, sobre todas as normas, impõe que o processo de produção legislativa e interpretação do Direito Eleitoral seja levado a cabo conforme os princípios constitucionais";[137] pois, se a supremacia da constituição é princípio, como esclarece Rodolfo Viana Pereira, significa ser dotado de força normativa, com uma dimensão de validade e de obrigação de aplicabilidade hábeis a dirigir a ação política ou discursos jurídicos.[138]

Assim, o caminho a ser trilhado no presente capítulo é o de conjugar os resultados apresentados no capítulo anterior com o estudo de Eneida Desiree Salgado e, aí então, lançar vistas de supremacia da constituição e filtragem constitucional para o fenômeno do exercício do poder político na Câmara dos Deputados tal como é hoje no Direito Eleitoral brasileiro. É esse, pois, o maior empreendimento deste livro: trabalhar o impacto do poder político exercido na Câmara dos Deputados no processo eleitoral.

Conforme Eneida Desiree Salgado, as disputas eleitorais, para serem iguais, devem ser protegidas de influências irrelevantes ao processo, como poder político e/ou econômico.[139] O conceito de disputa trabalhado por Salgado se assemelha ao de Przeworski *et al.*; a partir de uma definição que os próprios autores tomam como minimalista de democracia (por ficar adstrita exclusivamente ao fator eleição), esclarecem que o regime só é democrático se a oposição puder competir, vencer e tomar posse dos cargos. Essa definição de democracia partiria, portanto, de "cargos" e "competição" (especialmente para o cargo de Chefe do Executivo e as cadeiras do parlamento),[140] como parece também trabalhar Salgado na ênfase que dá ao princípio da máxima igualdade na disputa.

---

[137] BACELLAR FILHO, Romeu Felipe. Prefácio. *In*: SALGADO, Eneida Desiree. *Princípios constitucionais eleitorais*. Belo Horizonte: Fórum, 2010. p. 14.

[138] PEREIRA, Rodolfo Viana. *Direito Constitucional Democrático*: controle e participação como elementos fundantes e garantidores da constitucionalidade. 2. ed. Rio de Janeiro: Lumen Juris, 2010. p. 203.

[139] SALGADO, Eneida Desiree. *Princípios constitucionais estruturantes do direito eleitoral*. Op. cit. p. 3-4.

[140] PRZEWORSKI, Adam *et al*. *O que mantém as democracias?* Disponível em: http://www.scielo.br/pdf/ln/n40-41/a06n4041.pdf. Acesso em: 28 mar. 2017. p. 131.

Przeworski *et al.*, então, afirmam que "a disputa, por sua vez, envolve três aspectos: 1) incerteza *ex ante*, 2) irreversibilidade *ex post* e 3) repetibilidade". Destacando que incerteza não seja sinônimo de imprevisibilidade, esclarecem que o primeiro aspecto está ligado à possibilidade de ao menos um partido situacionista perder seu cargo em uma rodada eleitoral; o segundo aspecto se refere à garantia de que o vencedor da eleição tome posse no seu cargo; repetibilidade, por sua vez, além de ser um critério temporal, para os autores é um critério carregado de substância, como nós também entendemos sustentados nas lições de Salgado, isto porque tal repetibilidade é também impossibilitar que o vencedor de uma eleição hoje não se utilize da sua força política para impedir que seus opositores vençam a eleição de amanhã.[141] Por fim, mesmo correndo o risco de "rejeitar como democracias regimes que podem efetivamente ser democráticos", Przeworski *et al.* acreditam, como regra, não ser democrático um regime onde "situacionistas se mantiveram no governo passado imediato por mais de dois mandatos em virtude de eleições ou sem que tivessem sido eleitos, e até hoje, ou até o momento em que foram derrubados, não perderam nenhuma eleição".[142]

Por isso que, para Eneida Desiree Salgado, a interferência de poder econômico, o acesso a meios de comunicação e mesmo a ocupação de cargos públicos, quando determinantes para o sucesso eleitoral, são incompatíveis com o ordenamento constitucional, concluindo ser inconstitucional (rechaçando a interpretação de constitucionalidade proferida pelo Supremo Tribunal Federal) a nova redação, dada pela Emenda Constitucional nº 16/1997, do §5º do art. 14 da Constituição da República, que trata da possibilidade de reeleição dos chefes do Poder Executivo.[143]

Mas e para as disputas do Parlamento, especialmente para a Câmara dos Deputados?

2.1.1 O princípio constitucional da autenticidade em matéria eleitoral e o distributivismo

Eneida Desiree Salgado preceitua que "o Estado brasileiro pauta-se pelos princípios republicano e democrático", de forma que "a genuinidade, a sinceridade da democracia exige um conjunto de

---

[141] PRZEWORSKI, Adam *et al. Op. cit.* p .131-132.
[142] PRZEWORSKI, Adam *et al. Op. cit.* p .133.
[143] SALGADO, Eneida Desiree. *Princípios constitucionais estruturantes do direito eleitoral. Op. cit.* p. 4.

direitos, liberdades e garantias que permita a formação da vontade política sem vícios e sem distorções" que formam a estrutura do Estado de Direito. Daí por que "na formação dos Parlamentos e na indicação democrática do chefe do Poder Executivo, os procedimentos devem ser amparados em garantias de igualdade e de liberdade, sob pena de ilegitimidade do sistema representativo".[144] "Eleições livres, essenciais para uma democracia, são 'aquelas em que a cada eleitor se oferece a oportunidade – uma oportunidade igual – de expressar sua vontade à luz de opinião e sentir próprios'", vedando-se a existência de desvios no processo democrático.[145]

Salgado, então, expõe fatores considerados relevantes e irrelevantes à disputa eleitoral. Os fatores relevantes são os programas políticos e a qualidade dos líderes políticos. Dentre os irrelevantes está o exercício de cargo ou função pública por algum dos competidores, que "não podem fazer diferença, devendo sua influência ser controlada para garantir a autenticidade eleitoral. Assim, impõe-se a coibição dos abusos na disputa".[146] Certos do sentido que a autora quis dar aos termos, acreditamos, no entanto, que foram utilizados de maneira equivocada. Na disputa eleitoral entendemos que todos esses fatores sejam relevantes para o alcance do sucesso do competidor, muito embora alguns sejam *desejáveis* e outros *indesejáveis* ao processo.[147]

Alexis Vargas também se manifesta expressamente contrário a qualquer participação do Estado no curso dos processos eleitorais: "a neutralidade estatal consiste na total vedação de apoio oficial do Estado a um candidato ou partido, devendo, ao contrário, promover o pluralismo e assegurar um livre debate para a formação da vontade coletiva".[148] Às ideias de Alexis Vargas acrescentamos, somente, que a interferência estatal no resultado das eleições não pode ser nem oficial e, muito menos, extraoficial, posto que, assim também, agrediria o princípio constitucional da autenticidade eleitoral.

---

[144] SALGADO, Eneida Desiree. *Princípios constitucionais eleitorais. Op. cit.* p. 33.
[145] (Original: "aquellas en que a cada elector se le ofrece la oportunidad – una oportunidad igual – de expresar su parecer a la luz de la opinión y sentir propios"). Mackenzie *apud* Salgado. SALGADO, Eneida Desiree. *Princípios constitucionais eleitorais. Op. cit.* p. 33-34.
[146] SALGADO, Eneida Desiree. *Princípios constitucionais eleitorais. Op. cit.* p. 34.
[147] Compartilhando da mesma ponderação que fazemos, Óscar Muñoz esclarece que também não utiliza mais os termos "relevantes" ou "irrelevantes", substituindo-os por "válidos" ou "inválidos". (MUÑOZ, Óscar Sánchez. La igualdad de oportunidades en la competición electoral. *In:* SANTANO, Ana Cláudia; SALGADO, Eneida Desiree. *Direito eleitoral:* debates ibero-americanos / compilação. Curitiba: Íthala, 2014. p. 352).
[148] VARGAS, Alexis Galiás de Souza. *Op. cit.* p. 78.

Mas, para garantir a própria relevância dos fatores que são desejáveis à eleição (os programas políticos e qualidade dos líderes), é necessário que seja garantida a autenticidade eleitoral, que, democraticamente tratada, relaciona-se à liberdade e à igualdade do voto. O voto livre deve estar resguardado de vícios na sua formação, que podem ocorrer de maneira direta (a exemplo da captação ilícita de sufrágio) e indireta (a exemplo do tratamento diferenciado de candidatos). E o voto igual não pode ser apenas matematicamente considerado (uma pessoa, um voto), exigindo-se igualdade na possibilidade de participação e formação das decisões políticas.[149] No mesmo sentido, Óscar Sánchez Muñoz entende que nas democracias atuais "a legitimidade do sistema se sustenta sobre uma exigência de autenticidade do processo eleitoral que obriga a redefinir o significado dos princípios clássicos do Direito eleitoral: a igualdade e a liberdade do sufrágio".[150]

O princípio da autenticidade eleitoral trabalhado por Eneida Desiree Salgado pode ser visto em Norberto Bobbio, quando este busca encontrar, ainda que minimamente, uma definição de democracia. Para o italiano, não basta que um elevado número de cidadãos participe direta e/ou indiretamente da tomada de decisões; não basta a existência de regras procedimentais (como a regra da maioria); Bobbio destaca que é indispensável "que aqueles que são chamados a decidir ou a eleger os que deverão decidir sejam colocados diante de alternativas reais e postos em condição de poder escolher entre uma e outra".[151] Para Bobbio, a deliberação tem que ser livre, real, autêntica; parece-nos ser essa a "ambição"[152] da Constituição de 1988 ao incluir a autenticidade como princípio estruturante do Direito Eleitoral.

Segundo Fernando Baptista, são três as condições essenciais a serem promovidas pelo Estado para que seja possível mencionar um exercício pleno do direito ao voto: "1. meios de sobrevivência digna (incluindo todas as necessidades básicas do ser humano, tais como alimentação, saúde, abrigo e transporte); 2. educação e cultura; e 3. acesso às informações e meios de comunicação".[153]

---

[149] SALGADO, Eneida Desiree. *Princípios constitucionais eleitorais*. Op. cit. p. 35.
[150] (Original: "la legitimidad del sistema se sustenta sobre una exigencia de autenticidad del proceso electoral que obliga a redefinir el significado de los principios clásicos del Derecho electoral: la igualad y la libertad del sufragio") MUÑOZ, Óscar Sánchez. Op. cit. p. 351.
[151] BOBBIO, Norberto. *O futuro da democracia*. Trad. Marco Aurélio Nogueira. 13. ed. São Paulo: Paz e Terra, 2015. p. 37-38.
[152] SALGADO, Eneida Desiree. *Princípios constitucionais eleitorais*. Op. cit. p. 34.
[153] BAPTISTA, Fernando Pavan. O Direito das Minorias na Democracia Participativa. *Prisma Jurídico*, São Paulo, v. II, p. 195-205, 2003. p. 201.

Assim também enxerga Cármen Lúcia Antunes Rocha:

> O voto diz diretamente com o processo eleitoral, essencial à Democracia. Mas se é exato – e parece-me que o é – que sem eleições não se tem Democracia, também é certo que não basta se garantirem eleições (ou pelo menos quaisquer eleições) para se ter realizada a Democracia. Nem qualquer processo eleitoral é democrático, nem a circunstância de se terem eleições garante o livre exercício da cidadania pluralista.[154]

José Alfredo de Oliveira Baracho esclarece que "evitar fraudes eleitorais dá dignidade ao processo de escolha, daí a importância das precauções eleitorais, que se efetivam por medidas concretas que impedem deturpações na operação do voto".[155] Igualmente, Eduardo Fortunato Bim pondera que "um regime republicano e democrático não prescinde da lisura e regularidade de seus pleitos, porque somente assim se resguardará a legitimidade popular e a igualdade de votos entre os concorrentes do processo eleitoral".[156] Eduardo Bim faz questão de enfatizar, tal qual entendemos, que o sigilo do voto, embora necessário, nada garante em relação à sua lisura:

> Não podemos crer, como faz Paolo Barile, em uma leitura precipitada da Declaração Universal dos Direitos do Homem (art. 21, 3), que somente o sigilo garante a liberdade de voto. Essa solução é demasiadamente simples, restritiva e ignora que o abuso de poder, principalmente no processo eleitoral, atua de forma subliminar (Galbraith), pouca ou nenhuma fazendo diferença que a votação seja ou não secreta. O voto pode ser secreto e estar contaminado (e por isso mesmo não ser livre) bem antes do dia da votação, ou seja, a vontade popular pode ser conspurcada antes do ato de votar. Insistimos, para que o voto seja livre é necessário garantir, além do sigilo, a isonomia dos participantes e evitar abusos culturais, econômicos, políticos etc. A Democracia pressupõe a livre concorrência pelo poder, de acesso aos cargos eletivos, ou seja, eleições livres.[157]

---

[154] ROCHA, Cármen Lúcia Antunes. *Op. cit.*
[155] BARACHO, José Alfredo de Oliveira. A Teoria Geral do Direito Eleitoral e seus reflexos no Direito Eleitoral brasileiro. *Estudos Eleitorais*, Brasília, DF, v. 1, n. 1, p. 23-80, jan./abr. 1997. p. 63.
[156] BIM, Eduardo Fortunato. O polimorfismo do abuso de poder no processo eleitoral: o mito de Proteu. *Revista de Direito Administrativo*, Rio de Janeiro, v. 230, p. 113-140. p. 119.
[157] BIM, Eduardo Fortunato. *Op. cit.* p. 120-121.

Reinhold Zippelius entende que "o acesso ao poder também precisa ser regulado, de forma que o abuso de poder possa ser evitado tanto quanto possível". Desse modo, além da contenção de abusos no exercício do poder, também deve haver limitação quando do processo de disputa ao seu acesso (o processo eleitoral), que deve ser legitimado democraticamente, ou seja, com a garantia de eleições autenticamente livres.[158]

No entanto, como demonstrado no primeiro capítulo, não obstante a escolha do constituinte pela autenticidade eleitoral, "o patrimonialismo e a confusão entre o público e o privado continuam vicejando, a despeito do discurso constitucional republicano".[159] Cláudio Pereira de Souza Neto e Daniel Sarmento afirmam que "a desigualdade permanece uma chaga aberta e a exclusão que ela enseja perpetua a assimetria de poder político, econômico e social", inclusive ocasionando um "sério déficit de representatividade do Poder Legislativo".[160] Ainda no mesmo sentido, os professores tacham de antirrepublicanos o patrimonialismo, o clientelismo e a cultura de privilégios que estão ainda fortemente ligadas à vida social e política brasileira, uma vez que "não é incomum que governantes tratem a 'coisa pública' como bem particular, e que ponham os seus interesses, ou os do seu grupo ou partido político, à frente do interesse da coletividade".[161]

Como bem ponderou Eneida Desiree Salgado, a preservação da autenticidade eleitoral não se relaciona a características próprias de uma disputa democrática, tais como carisma, reputação e preparo de cada candidato, mas a elementos indesejáveis na disputa, como fatores econômicos,[162] o exercício de determinado cargo ou função pública por algum dos candidatos e/ou influência indevida dos meios de comunicação.

Daí que vemos que o sistema eleitoral brasileiro, além de fazer pouco para diminuir o impacto do distributivismo no princípio constitucional da autenticidade eleitoral, a partir de 2015 passou a reforçar a utilização dessa prática, agora de maneira ainda mais institucionalizada. Não sem razão, Eduardo Mendonça acredita que o sistema induz o clientelismo e pode causar desequilíbrio no processo eleitoral.[163]

---
[158] ZIPPELIUS, Reinhold. *Op. cit.* p. 104.
[159] SOUZA NETO, Cláudio Pereira de; SARMENTO, Daniel. *Op. cit.* p. 182.
[160] SOUZA NETO, Cláudio Pereira de; SARMENTO, Daniel. *Op. cit.* p. 182.
[161] SOUZA NETO, Cláudio Pereira de; SARMENTO, Daniel. *Op. cit.* p. 218.
[162] SALGADO, Eneida Desiree. *Princípios constitucionais eleitorais. Op. cit.* p. 36.
[163] MENDONÇA, Eduardo. *O falso orçamento impositivo*: a institucionalização do patrimonialismo.

Quando se permite (a ponto de se chegar a ser a regra do comportamento parlamentar) que deputados federais utilizem de sua posição política para beneficiar certos grupos sociais de maneira individualizada (não nacional), e, ao mesmo tempo, esta prática aponta para uma tendência de permanência desses políticos em seus mandatos, a eleição não pode ser considerada devidamente autêntica. Lê-se o tema, portanto, em perspectiva bilateral e conjugada: i) o sistema permite (e incentiva) o comportamento distributivista; ii) o exercício distributivista pelos parlamentares é ferramenta consistente para alcançar êxito na sua ambição estática (vencer a disputa da reeleição)

2.1.2 O princípio constitucional da liberdade para o exercício do mandato e o distributivismo

Sobre a liberdade para o exercício do mandato, Eneida Desiree Salgado aduz que "o instituto do mandato construído pelo pensamento liberal traz como características ser nacional, geral ou universal, livre ou não sujeito a restrições e não responsável e a Constituição brasileira não se afastou desse desenho". Para explicar, Salgado aponta preferências constitucionais para "a exigência do caráter nacional dos partidos, a não regulamentação dos *lobbies*, a inexistência de possibilidade de revogação ou perda de mandato por infidelidade partidária". Desse modo, o mandatário deve ter liberdade, não podendo ser mero instrumento de representação de determinados interesses, sob pena de agressão substancial à ideia de representação como atividade.[164]

Segundo Octavio Avendaño, foi Edmund Burke que primeiro propôs um tipo de representação política desvinculada do interesse de determinados grupos sociais e de realidades estritamente locais. Ainda segundo o referido autor, Edmund Burke sustentou suas ideias em reação a uma prática que vinha ocorrendo no interior do parlamento inglês: a pressão dos latifundiários para que os parlamentares legislassem em seu favor.[165]

Em seu "Discurso aos Eleitores de Brístol", o então parlamentar Edmund Burke ali se manifestou:

---

[164] SALGADO, Eneida Desiree. *Princípios constitucionais eleitorais. Op. cit.* p.78- 80.
[165] AVENDAÑO, Octavio. De la autonomía del mandato a la rendición de cuentas. Un alcance conceptual a los mecanismos de representación democrática. *Revista de sociología*, Facultad de Ciencias Sociales: Universidad de Chile, n. 22, p. 93-116, 2008, p. 97.

O parlamento não é um congresso de embaixadores de diferentes e hostis interesses; interesses que cada um deve sustentar, como agente e advogado, contra outros agentes e advogados; mas uma assembleia deliberativa de uma nação, com um interesse, o do todo; onde, não os propósitos locais, não os preconceitos locais, devem guiar, mas o bem geral, resultante da razão geral do todo. Você escolhe um membro de fato; mas quando você o escolheu, não é membro de Bristol, mas é um membro do parlamento.[166]

Gilberto Bercovici classifica como "ideia fundamental" da tradição política de representação brasileira o mandato livre e independente, ou seja, aquele que "os representantes, ao serem eleitos, não têm nenhuma obrigação, necessariamente, para com as reinvindicações e os interesses de seus eleitores". Outra "ideia fundamental" da nossa tradição política, conforme o autor, "é a de que os representantes devem exprimir interesses gerais, e não interesses locais ou regionais. Os interesses nacionais seriam os únicos e legítimos a serem representados".[167]

Ao discorrer sobre princípios do Direito Administrativo, José dos Santos Carvalho Filho também vê a necessidade de uma atividade governamental de caráter nacional, afirmando que o princípio da impessoalidade consiste em uma faceta do princípio da isonomia. Isto porque, "para que haja verdadeira impessoalidade, deve a Administração voltar-se exclusivamente para o interesse público, e não para o privado, vedando-se, em consequência, sejam favorecidos alguns indivíduos em detrimento de outros". Esta seria, também, uma decorrência do princípio administrativo da finalidade, que estabelece que "o alvo a ser alcançado pela Administração é somente o interesse público, e não se alcança o interesse público se for perseguido o interesse particular, porquanto haverá nesse caso sempre uma atuação discriminatória". Por fim, corolário do princípio da impessoalidade e da finalidade, ao descrever o princípio da supremacia do interesse público, o autor pontua que "não é o indivíduo em si o destinatário da atividade administrativa, mas sim

---

[166] (Original: Parliament is not a congress of ambassadors from different and hostile interests; which interests each must maintain, as an agent and advocate, against other agents and advocates; but parliament is a deliberative assembly of one nation, with one interest, that of the whole; where, not local purposes, not local prejudices, ought to guide, but the general good, resulting from the general reason of the whole. You choose a member indeed; but when you have chosen him, he is not member of Bristol, but he is a member of parliament.) BURKE, Edmund. *Speech to the Electors of Bristol*. Disponível em: http://press-pubs.uchicago.edu/founders/documents/v1ch13s7.html. Acesso em: 25 maio 2017.

[167] BERCOVICI, Gilberto. A origem do sistema eleitoral proporcional no Brasil. *In*: FURTADO COÊLHO, Marcus Vinícius; AGRA, Walber de Moura (coord.). *Direito eleitoral e democracia: desafios e perspectivas*. Brasília: OAB, Conselho Federal, 2010. p. 128.

o grupo social num todo",[168] de forma que, em regra, toda atividade Administrativa deve ser voltada ao todo (nação) e não a pessoas ou grupos sociais individualmente considerados.

Por isso, o caso brasileiro é de liberdade para o exercício do mandato, que, inclusive, é corolário do princípio da vedação do mandato imperativo.[169] O italiano Norberto Bobbio esclarece que as democracias modernas "deveria[m] ser caracterizada[s] pela representação política, isto é, por uma forma de representação na qual o representante, sendo chamado a perseguir os interesses da nação, não pode estar sujeito a um mandato vinculado".[170] Nesse sentido, Bobbio diferencia representação política (na qual não pode haver completa vinculação entre representante e representado) e representação de interesses (na qual a vinculação ao mandato é a regra, como, por exemplo, na relação entre cliente e advogado).[171] Em arremate, Norberto Bobbio afirma que "jamais uma norma constitucional foi mais violada que a da proibição de mandato imperativo. Jamais um princípio foi mais desconsiderado que o da representação política".[172]

Paulo Bonavides também diferencia mandato imperativo de mandato representativo, apresentando como um dos traços característicos deste último a generalidade, que, em suas palavras, é a exigência de o mandatário não representar determinado território, população ou eleitorado tomado de forma fracionada, mas a nação em toda sua inteireza.[173]

Embora o faça com algum tom de crítica (mas ao fato de o representante ser escolhido pela maioria em detrimento da minoria e não, especificamente, criticando a escolha constitucional pela liberdade para o exercício do mandato como garantia democrática), Fernando

---

[168] CARVALHO FILHO, José dos Santos. *Manual de direito administrativo*. 23. ed. rev. ampl. e atual. Rio de Janeiro: Lumen Juris, 2010. p. 22-35.

[169] Para explicar o que é mandato imperativo, Norberto Bobbio se utiliza do seguinte exemplo: "A pode representar B como delegado ou como fiduciário. Se é delegado, A é pura e simplesmente um porta-voz, um núncio, um legado, um embaixador, de seus representados, e portanto seu mandato é extremamente limitado e revogável *ad nutum*. Se ao invés disto, é um fiduciário, A tem o poder de agir com certa liberdade em nome e por conta dos representados, na medida em que, gozando da confiança deles, pode interpretar com discernimento próprio os seus interesses. Neste segundo caso diz-se que A representa B sem vínculo de mandato; na linguagem constitucional hoje consolidada diz-se que entre A e B não existe um mandato imperativo". BOBBIO, Norberto. *Op. cit.* p. 77.

[170] BOBBIO, Norberto. *Op. cit.* p. 44.
[171] BOBBIO, Norberto. *Op. cit..* p. 44.
[172] BOBBIO, Norberto. *Op. cit.* p. 45.
[173] BONAVIDES, Paulo. *Ciência política*. 10. ed. rev. e atual. São Paulo: Malheiros, 2003. p. 260.

Pavan Baptista também explica como deve se dar a liberdade para o exercício do mandato:

> Ocorre que, no sistema representativo, uma vez eleito, o representante se desvincula totalmente de seus eleitores/representados e passa a ter autonomia para decidir segundo a própria consciência, sem qualquer compromisso formal com sua base eleitoral. A espécie de procuração que lhe é outorgada pelos cidadãos lhe garante liberdade decisória até o fim do mandato.[174]

A liberdade para o exercício do mandato vem gravada no texto constitucional, pois expressou o constituinte originário que "todo o poder emana do povo" e, como assevera o professor Orides Mezzaroba, "quando se fala em povo o que deve vir em nossas mentes é a totalidade, e não aquela pequena parcela que age em defesa de seus próprios interesses".[175] Vale destacar, portanto, que os conceitos de interesse do "povo" e da "nação", para a presente obra, são convergentes, similares, não obstante haja quem os diferencie.[176]

Ao analisarmos a Constituição da República, não nos parece outra a intenção do legislador constituinte que estabeleceu que "a Câmara dos Deputados compõe-se de representantes do povo" (art. 45 da Constituição da República). Como vimos, a essência do princípio

---

[174] BAPTISTA, Fernando Pavan. *Op. cit.* p. 198.

[175] MEZZAROBA, Orides. A democracia representativa partidária brasileira: a necessidade de se (re)pensar o conceito de povo como ator político. *Paraná Eleitoral*, v. 1, n. 1, p. 41-48, 2012. p. 48.

[176] Em referência às lições de Sieyès, explicou Olivier Nay: "Antes de tudo, ele nota que em razão das muitas divisões que atravessam a sociedade, o 'povo' (quer dizer, o conjunto dos indivíduos e dos grupos disseminados que vivem no território do reino) não apresenta um rosto unitário. Essa heterogeneidade o torna indistinguível. Ora, a soberania supõe a unidade. A única solução para que o povo possa ser proclamado soberano é construir uma definição intelectual dele que lhe dê uma unidade e uma identidade. Sieyès propõe, então, considerar o povo não na sua dimensão sociológica, mas como uma pessoa jurídica, chamada 'nação'. Encarnação simbólica do povo, entidade abstrata e imaginária, a nação não reflete a diversidade social. Ela é a totalidade homogênea que se substitui à realidade física da sociedade, que não é representável. É a partir do momento em que a nação é considerada como distinta do povo real que pode tornar-se o corpo político da nova sociedade. [...] Sendo a nação uma pessoal moral desprovida de existência física, convém buscar o meio de fazê-la existir concretamente na vida política. Assim, segundo Sieyès, o corpo político unitário só toma realmente forma através da representação que lhe é indissociável. A nação e o governo representativo são as duas formas consubstanciais de um mesmo projeto político". NAY, Olivier. *História das ideias políticas*. Trad. Jaime A. Clasen. Petrópolis: Vozes, 2007. p. 297-298. Essa diferenciação também pode ser encontrada em SARTORI, Giovanni. Teoria da Representação no Estado representativo moderno. Trad. Ernesta Gaetani e Rosa Gaetani. *Revista Brasileira de Estudos Políticos*, Belo Horizonte, p. 21-23, 1962. e CANOTILHO, José Joaquim Gomes. *Op. cit.* p. 76.

da máxima liberdade para o exercício do mandato é garantir que o mandatário aja em prol da nação com "liberdade de convicção e de consciência",[177] sem qualquer vinculação a interesses específicos, a não ser o do povo-nação, no decorrer do seu mandato.

Nesse sentido, Eneida Desiree Salgado compreende que "a Constituição assume a teoria da representação popular ou nacional, em que a relação de representação se estabelece entre toda a coletividade e o representante, e não entre os eleitores que efetivamente escolheram aquele representante e ele". Para a autora, os representantes "não representam só os que lhes escolheram e votaram a partir de suas propostas ou de seu partido, ou ainda por alguma característica pessoal sua, mas sim a todos os cidadãos do espectro de representação".[178]

Giovanni Sartori faz uma crítica interessante. O autor concorda com a liberdade para o exercício do mandato, defendendo que a representação tem que possuir caráter geral, nacional. Entretanto, para ele, a própria legislação é contrária ao seu intento. Eis o dilema exposto por Giovanni Sartori: se a eleição para a Câmara dos Deputados intercorre num colégio e/ou circunscrição (nos Estados federados, no caso brasileiro) com apenas determinados eleitores e apenas determinados eleitos, e "a representação deveria intercorrer, no entanto, entre a nação na sua totalidade e todos os seus representantes como corpo unitário. É óbvio que as duas relações não coincidem".[179]

Ainda assim, buscando responder à pergunta "Quem é o representante?", Giovanni Sartori identifica três tipos de parlamentares: político-gentil-homem (*gentleman politician*); político-semiprofissional e político profissional. No primeiro caso, política se apresenta como vocação e mesmo sendo uma atividade exclusiva, não se trata de profissão no sentido econômico do termo; estes representantes vivem para a política, não por meio dela, e possuem mentalidades e meios para serem os mais independentes de todos. No segundo caso, a política passa a ser um acessório da carreira principal, ou até mesmo chega a com ela se confundir; mas a política não será luxo e nem dever; por mais que estes representantes venham a viver por meio da política, eles serão políticos-semiprofissionais enquanto a outra carreira estiver sinalizando como uma opção altamente considerável; desse modo, estarão dispostos a muitos compromissos políticos, mas não aceitarão

---

[177] SALGADO, Eneida Desiree. *Princípios constitucionais eleitorais*. Op. cit. p. 69.
[178] SALGADO, Eneida Desiree. *Princípios constitucionais eleitorais*. Op. cit. p. 69-73.
[179] SARTORI, Giovanni. Op. cit. p. 30.

profundos desvios de consciência, sempre considerando a escolha pela exclusividade da outra profissão. Já no terceiro caso, do político profissional, a política é o único trabalho que ele exerce; por mais que decorra de outra profissão, rompeu completamente seus laços com o passado e seu meio de vida agora é a política, precisando, por isso, nela ficar; como assenta Giovanni Sartori, "para o político de profissão, não há alternativas: perder o lugar não é, para ele, ficar um desempregado político, é perdê-lo também em sentido econômico"; nesses casos, a política é tanto a razão de viver quanto o meio de vida.[180]

Embora Sartori aponte em seu estudo que acreditava que naquele tempo prevaleciam os políticos semiprofissionais,[181] pelos dados apontados no primeiro capítulo podemos dizer que hoje na Câmara dos Deputados do Brasil prevalecem os políticos profissionais. E sobre eles preciso é o diagnóstico de Sartori:

> Se uma democracia exige uma contínua mudança de dirigentes, o político de profissão pode aceitar ainda menos uma tal interpretação. E visto que o mecanismo das confirmações eleitorais o expõe periodicamente ao risco de uma rotação, a sua psicologia o leva a ficar à tona a qualquer preço. Ele se torna, como diziam Riesman, sempre mais um tipo Leterodirigido, cuja suprema preocupação é de não se deixar suplantar. As crises de consciência tornam-se raras, prevalece em cada oportunidade a psicologia do posto; e quanto maior for o agarramento à posição tanto mais o representante se tornará serviçal e manobrável.[182]

Cármen Lúcia Antunes Rocha também denuncia que a realidade milita contra o ideal do princípio da liberdade para o exercício do mandato, uma vez que a representação de interesses locais/regionais é a regra, inclusive enfraquecendo os partidos políticos:

> Neste quadro é que surgem as chamadas "bancadas de interesses", que fazem paralelo e dispõem de mais força que os próprios partidos políticos nos órgãos legislativos, como as bancadas que representam uma linha de interesse específico. Cria-se um esquema de poder paralelo ao do partido e muitas vezes dele dominador. [...][183]

---

[180] SARTORI, Giovanni. *Op. cit.* p. 128-130.
[181] SARTORI, Giovanni. *Op. cit.* p. 128.
[182] SARTORI, Giovanni. *Op. cit.* p. 131.
[183] ROCHA, Cármen Lúcia Antunes. *Op. cit.*

Assim como entendemos e apontamos anteriormente, o personalismo exagerado é visto por Cármen Lúcia Antunes Rocha como um vício do sistema eleitoral brasileiro.[184]

Como denunciado por Núbia Cristina Barbosa Santos e Carlos Eduardo Gasparini, as Emendas Constitucionais nºs 86/2015, 100/2019 e 105/2019 "sugerem um possível desinteresse do Congresso Nacional em atuar de forma mais presente nas questões orçamentárias, ao buscar suprir interesses dos membros do Congresso, alimentando um sistema clientelista",[185] também enfraquecendo os interesses nacionais que seriam próprios à máxima liberdade para o exercício do mandato.

Tanto o personalismo quanto o profissionalismo tendem a ser agravados com as práticas distributivistas para que os deputados federais permaneçam nos seus mandatos. Assim, podemos dizer que o distributivismo converge para a afronta ao princípio da máxima liberdade para o exercício do mandato, por incentivar uma atuação vinculada do parlamentar a certos grupos sociais que possam o reeleger; o distributivismo permite, incentiva e até mesmo institucionaliza as práticas aqui demonstradas de troca de beneses localizadas por apoio político; essa constatação, a que chegou a Ciência Política, também deve ser observada de perto pelos principais atores do Direito Eleitoral.

Pode-se apontar, ainda, que as práticas distributivistas afetam outros princípios diretamente relacionados à liberdade para o exercício do mandato. A destinação de obras, recursos e cargos para determinados grupos de apoiadores do projeto de reeleição do parlamentar afeta, portanto, tanto o princípio da impessoalidade quanto o princípio da supremacia do interesse público sobre o privado, além de uma transparecer um incentivo ao mandato imperativo (em detrimento do mandato representativo).

---

[184] ROCHA, Cármen Lúcia Antunes. *Op. cit.* Cumpre destacar as precisas observações de Eneida Desiree Salgado: "o personalismo não é algo característico das classes políticas ou uma característica da mentalidade estatal que não se manifesta na sociedade. Temos uma prática personalista e uma política clientelista porque há cliente, porque há o outro lado. Esse outro lado, que alimenta essas relações, não escolhe seu representante por sua vinculação partidária" (SALGADO, Eneida Desiree. *Princípios constitucionais eleitorais. Op. cit.* p. 131).

[185] SANTOS, Núbia Cristina Barbosa; GASPARINI, Carlos Eduardo. Orçamento Impositivo e Relação entre Poderes no Brasil. *Revista Brasileira de Ciência Política*, Brasília, n. 31, p. 339-396, jan./abr. 2020, p. 382.

2.1.3 O princípio constitucional da necessária participação das minorias no debate público e nas instituições políticas e o distributivismo

Quanto à necessária participação das minorias no debate público e nas instituições políticas, Eneida Desiree Salgado afirma que "a mais tênue definição contemporânea de democracia não escapa da igualdade política, da participação igualitária dos cidadãos na formação dos corpos representativos e da vontade do Estado, da igual representação".[186] Ainda para Salgado, "a ampla expressão do pluralismo exige a garantia de um espaço em que todos tenham voz e não apenas aqueles que detenham meios para isso".[187] Por isso, explica com significativa clareza:

> O desenho constitucional da democracia brasileira, a partir do ideal republicano e da exigência de tratamento com igual consideração e respeito de todos os cidadãos, aponta uma escolha política fundamental em harmonia com os princípios constitucionais gerais: a ênfase na participação das minorias no debate público e na composição das instituições políticas.
> Trata-se de desenvolvimento do pluralismo político, estabelecido como fundamento da República e que configura a democracia brasileira, e do princípio da igualdade eleitoral.[188]

O constituinte originário encartou, logo no art. 1º da Constituição da República, o pluralismo político como um dos fundamentos do Estado Democrático de Direito brasileiro. Daí que a liberdade de participação, *per se*, é insuficiente para a caracterização desse pluralismo expresso na nossa Constituição; além da possibilidade/necessidade de se ouvir todos os grupos sociais para se tomar decisões, essas manifestações devem ser igualmente consideradas e são essenciais para a configuração de um regime democrático. Por isso, "o pluralismo político é o fundamento do princípio constitucional da necessária participação das minorias no debate público e nas instituições políticas".[189]

A nossa Constituição da República possui, portanto, um "compromisso visceral" com os direitos humanos e a defesa do regime democrático, sendo este, necessariamente, inclusivo.[190] Como forma de

---

[186] SALGADO, Eneida Desiree. *Princípios constitucionais eleitorais*. Op. cit. p. 167-168.
[187] SALGADO, Eneida Desiree. *Princípios constitucionais eleitorais*. Op. cit. p. 185.
[188] SALGADO, Eneida Desiree. *Princípios constitucionais eleitorais*. Op. cit. p. 145.
[189] SALGADO, Eneida Desiree. *Princípios constitucionais eleitorais*. Op. cit. p. 14-6147.
[190] SOUZA NETO, Cláudio Pereira de; SARMENTO, Daniel. Op. cit. p. 29 e 170.

democratização do regime político, Souza Neto e Sarmento afirmam que a Constituição de 1988 encarnou os elementos de conformação da democracia política, dentre os quais estão eleições livres, periódicas e a "possibilidade real de a oposição assumir o poder".[191] Os autores entendem que o modelo meramente procedimental não é bastante para garantir esses elementos necessários ao regime democrático; dessa forma, afirmam que a comunidade política só se legitima com a promoção de meios materiais básicos para que cada indivíduo seja capaz de, livremente, viver de acordo com seus projetos e escolhas.[192]

Cármen Lúcia Antunes Rocha compartilha da mesma visão quanto à necessária participação das minorias:

> A Democracia exige, pois, a cidadania ativa, livre, igualmente exercida pelos membros da cidade política e pluralista, a fim de que todos quantos dela participem possam pôr e expor a sua ação, a sua vocação e a sua intenção política e social.
> Não há Democracia sem povo. Mas não basta o sentido abstrato e superficial de povo, aquele que se acaba na frase abúlica e fria da letra havida na norma.[193]

Fábio Konder Comparato afirma que o maior problema político brasileiro não é "crise de representatividade", mas "a tentativa de fazer funcionar democracia sem povo". Por isso, para o autor a forma mais significativa de proteção da democracia é a defesa da participação popular permanente nos assuntos de governo (e o respeito aos direitos humanos).[194] Em nosso sentir, talvez a tentativa de fazer funcionar a democracia sem povo possa ser a grande responsável pela crise de representatividade; são fatores imbricados, e que realmente têm na efetiva, real e concreta participação popular nos assuntos de Estado uma possível solução.

José Alfredo de Oliveira Baracho também vê no processo eleitoral de representação uma estrita ligação com a pluralidade de opiniões, devendo esta ser assegurada pelo sistema eleitoral como uma manifestação própria de liberdade dos cidadãos do Estado.[195]

---

[191] SOUZA NETO, Cláudio Pereira de; SARMENTO, Daniel. *Op. cit.* p. 173.
[192] SOUZA NETO, Cláudio Pereira de; SARMENTO, Daniel. *Op. cit.* p. 238.
[193] ROCHA, Cármen Lúcia Antunes. *Op. cit.*
[194] COMPARATO, Fábio Konder. Sentido e Alcance do Processo Eleitoral no Regime Democrático. *Revista "Estudos Avançados"*, São Paulo, n. 38, p. 307-320, 2000. p. 315-318.
[195] BARACHO, José Alfredo de Oliveira. *Op. cit.* p. 60.

Para Lílian Márcia Balmant Emerique, em assertiva com a qual concordamos, "a democracia é objeto de todo o povo e não somente de uma classe ou grupo",[196] razão que a faz identificar esses pontos de estrita ligação entre democracia e pluralismo político:

> a) a contribuição para a correção da tendência de centralização e de fortalecimento do Estado, junto à privatização do indivíduo; b) a permissão para o florescimento de sentimentos forjados para o bem coletivo, em oposição aos interesses privados consubstanciados em privilégios; c) a incorporação de grupos dominados que possuem um direito a serem incluídos para somar esforços visando à utilidade pública; d) a diversificação da representação que foi reduzida à abstração do cidadão e para limitar a soberania do Estado; e) a descrição e defesa de um sistema oposto à oligarquia ou a uma elite no poder; f) a constatação de que nenhum valor socialmente instituído é puro, absoluto e unívoco, face à diversidade de cosmovisões presentes no tecido social; g) a relação de cooperação social amistosa entre indivíduos desiguais nas suas oportunidades de vida, entretanto iguais no fundamento que lhes dá permissão de exigir alguma coisa do seu governo, o que supõe o pluralismo, posto que não haveria laço durável entre indivíduos que não fossem livres para escolher e que se sentissem reprimidos na sua identidade e frustrados nos seus interesses; h) a necessidade de o pluralismo não ficar reduzido apenas ao pluralismo de direito, mas caminhar em direção a um pluralismo de fato, a fim de que o consenso seja um dado fundamental da democracia.[197]

Foi possível encontrar forte conexão entre o princípio da necessária participação das minorias no debate público e o direito à oposição, trabalhado por Lílian Emerique. Segundo a autora, o direito à oposição é fundamental e, muito embora não esteja expresso no texto constitucional, extrai-se dos princípios fundamentais democráticos, da cidadania e do pluralismo político, do art. 1º e do art. 5º, §2º, da Constituição da República. Daí que "um papel decisivo da oposição política exerce-se em uma ótica de alternância no poder, isto é, consiste na busca e preparação para tornar-se maioria no pleito eleitoral subsequente"; logo, "na democracia, é necessário resguardar os direitos políticos da minoria, dentre eles o de tornar-se maioria".[198]

---

[196] EMERIQUE, Lilian Márcia Balmant. *O direito de oposição política no estado democrático de direito*. Disponível em: http://www.publicadireito.com.br/conpedi/manaus/arquivos/anais/recife/politica_lilian_emerique.pdf. Acesso em: 28 mar. 2017. p. 6.
[197] EMERIQUE, Lilian Márcia Balmant. *Op. cit.* p. 6.
[198] EMERIQUE, Lilian Márcia Balmant. *Op. cit.* p. 1, 13 e 15.

Lilian Emerique identifica como "direitos de oposição" os direitos à informação, participação, participação legislativa e o de depor, e esses direitos resultam nas três principais interpretações da oposição como antipoder: oposição como dissensão, oposição como limite e oposição como alternativa.[199] Num contexto de pluralismo, vê-se como insuficiente garantir à oposição o dissenso e limitar, tanto quanto possível, o poder. É preciso garanti-la, também, ser uma alternativa para os cargos públicos. A mesma autora afirma: "o processo democrático consolida-se através da alternância do poder e a oposição adquire mais consciência nos seus projetos na medida em que vislumbra reais condições de alcançar o poder pelas vias democráticas convencionais".[200] Afinal, há real sentido na oposição política se não lhe são oferecidas garantias de conquista de poder? À oposição, portanto, deve ser ofertado o direito de participar de um processo eleitoral livre e igualitário que lhe garanta a possibilidade de legitimamente ocupar os centros de exercício de poder estatal.

É bem verdade, não parecendo haver equívocos nesta afirmação, que "a alternância não é propriamente um princípio fundante da democracia, mas sim elemento integrante (e vital!) da oposição";[201] a alternância substancial, verdadeira, é um dispositivo a serviço da oposição:[202]

> O ideal, intuitivo supor, é democracia (real) com oposição (construtiva). E oposição (construtiva) com alternância substancial, esta última entendida não como aquela que propõe trocas formais, de personagens e pessoas por pessoas e personagens do mesmo grupo de interesses, mas que consubstancie, a serviço do titular do poder, o povo, a revisão real do quadro político e, com isso, se preste a redefinir, para qualquer dos lados, os rumos da nação.[203]

Como bem descreveu Fávila Ribeiro, "o pluralismo é o antídoto idôneo para refrear as tendências monopolistas identificadas nos

---

[199] EMERIQUE, Lilian Márcia Balmant. *Op. cit.* p. 13-19.
[200] EMERIQUE, Lilian Márcia Balmant. *Op. cit.* p. 13.
[201] Para o autor, "pode haver oposição sem alternância, quando a oposição é fraca ou mesmo quando o povo está satisfeito com a situação. Também pode haver, em tese, democracia sem alternância, embora, em tal contexto, a tendência seja a de desnaturação progressiva da primeira, de sua convolação de democracia real em formal. O que não pode haver, absolutamente, é democracia sem oposição. Isto, sim, parece inegociável". CARVALHO NETO, Tarcisio Vieira de. O princípio da alternância no regime democrático. *Revista de Informação Legislativa*, Brasília, Senado Federal, ano 49, n. 196, p. 165-182, out./dez. 2012, p. 175.
[202] CARVALHO NETO, Tarcisio Vieira de. *Op. cit.* p. 175 e 180.
[203] CARVALHO NETO, Tarcisio Vieira de. *Op. cit.* p. 175.

redutos culturais, sociais, econômicos e políticos". Para ele, através do oferecimento de posições divergentes, consubstanciado na liberdade de oposição, torna-se viável e regular a alternância do poder, sem, contudo, comprometer o regime político.[204]

É válido reforçar, como o faz Fernando Baptista, que o direito à oposição não se satisfaz no mero dissenso, já que, "ainda que [o dissenso] seja um avanço, o respeito aos direitos das minorias não implica sua participação efetiva em todos os níveis do poder, ainda que de forma proporcional"; dessa forma, a participação política exige ação ativa de ingerência direta no poder, para também o garantir às minorias.[205] Exatamente por isso, conforme Adriana Campos e Poliana Pereira dos Santos, o processo eleitoral democrático não se contenta com mecanismos formais de participação das minorias, sendo necessárias, também, garantias materiais de disputa e obtenção de poder político.[206]

Em sua obra "Sobre a Democracia", Robert Dahl expõe seus cinco critérios básicos para a definição de um processo democrático. São eles: igualdade de voto, entendimento esclarecido das questões políticas a serem deliberadas, controle do programa de planejamento (o que permitiria a influência sobre questões que seriam deliberadas), a inclusão dos adultos e a participação efetiva; especialmente este último toca o princípio da necessária participação das minorias. Para Dahl, só há participação efetiva se antes da adoção de uma determinada política todos os membros tenham oportunidades iguais e efetivas de conhecer as opiniões divergentes e, assim também, manifestar as suas;[207] isto só seria possível com a real inclusão dos grupos minoritários nos espaços de debate.

Para haver "plena inclusão", nas palavras de Robert Dahl, "o corpo de cidadãos num estado democraticamente governado deve incluir todas as pessoas sujeitas às leis desse estado, com exceção das

---

[204] RIBEIRO, Fávila. *Pressupostos constitucionais do Direito Eleitoral:* no caminho da sociedade participativa. Porto Alegre: Sérgio Antônio Fabris Editor, 1990. p. 22-33.
[205] BAPTISTA, Fernando Pavan. *Op. cit.* p. 202-203.
[206] CAMPOS, Adriana; SANTOS, Poliana Pereira dos. Participação política feminina e a regulamentação legal das cotas de gênero no Brasil: breve análise das eleições havidas entre 1990 e 2014. In: OLIVEIRA, Armando Albuquerque de; MORAES FILHO, José Filomeno de; CAMPOS, Adriana (coord.). *Teorias da democracia e direitos políticos.* Disponível em: http://www.conpedi.org.br/publicacoes/66fsl345/0wgz69fe/YQ8BX03xH12IjKG0.pdf. Acesso em: 16 jul. 2016. p. 432.
[207] DAHL, Robert Alan. *Sobre a democracia.* Trad. Beatriz Sidou. Brasília: Editora Universidade de Brasília, 2001. p. 49-50.

que estiverem de passagem e as comprovadamente incapazes de cuidar de si mesmas".[208] Ainda para o autor americano, "se alguns membros recebem maiores oportunidades do que outros para expressar seus pontos de vista, é provável que suas políticas prevaleçam";[209] é assim também que enxergamos em relação às políticas distributivistas, no sentido de que há uma elite política se utilizando do poder público para permanecer no mandato.

Por tudo isso, ainda recorrendo a Robert Dahl, mesmo acreditando que haja no Brasil um regime que tende ao democrático,[210] e cientes da impossibilidade (e mesmo improbabilidade) deste regime se perfazer em perfeitamente democrático,[211] seria possível que nossa democracia fosse mais democrática?[212] Seria possível uma democracia mais inclusiva? Ou melhor, é possível conferir mais democracia a um regime que se retroalimenta em obtenção-manutenção-perpetuação do poder através da distribuição de benefícios estatais localizados? Acreditamos que sim e discorreremos sobre isto no próximo capítulo.

---

[208] DAHL, Robert Alan. *Op. cit.* p. 94.
[209] DAHL, Robert Alan. *Op. cit.* p. 50.
[210] Durante todo o seu livro "Sobre a Democracia", Robert Dahl insiste, e concordamos com ele, que a democracia ideal é impossível de ser alcançada. Por isso, não partiremos do pressuposto que o Brasil é um país antidemocrático/não democrático; ao contrário disso, nossa intenção é somente analisar determinadas características bem delimitadas da nossa democracia e avaliar se é possível fazê-la mais democrática. Como esclarece o próprio autor: "O que é necessário para que um país seja democraticamente governado? No mínimo, ele terá de ter determinados arranjos, práticas ou instituições políticas que estariam muito distantes (senão infinitamente distantes) de corresponder aos critérios democráticos ideais". DAHL, Robert Alan. *Op. cit.* p. 97. Em linhas semelhantes sobre o processo de construção democrática brasileira, escrevem Lenio Luiz Streck e José Luis Bolzan de Morais: "Com pequenas variações, a experiência brasileira pós-ditadura demonstra bem a tese esboçada por O'Donnell: a transição de regimes autoritários para a governos eleitos democraticamente não encerra a tarefa de construção democrática. É necessária uma segunda transição, até o estabelecimento de um regime democrático. A escassez de instituições democráticas e o estilo de governo dos presidentes eleitos caracterizam uma situação em que, mesmo não havendo ameaças iminentes de regresso ao autoritarismo, é difícil avançar para a consolidação institucional da democracia". STRECK, Lenio Luiz; MORAIS, José Luis Bolzan de. *Ciência política e teoria do estado.* 8. ed. rev. e atual. Porto Alegre: Livraria do Advogado, 2014. p. 123.
[211] DAHL, Robert Alan. *Op. cit.* p. 40. Rousseau *apud* Paulo Bonavides reforça essa visão, afirmando que: "governo tão perfeito não quadra a seres humanos – acrescenta o pensador, depois de haver afirmado, na mesma ordem de reflexões, que, tomando o termo com todo o rigor, chegar-se-ia à conclusão de que jamais houve, jamais haverá verdadeira democracia [...]". BONAVIDES, Paulo. *Ciência política. Op. cit.* p. 265.
[212] DAHL, Robert Alan. *Op. cit.* p. 42.

2.1.4 O princípio constitucional da máxima igualdade na disputa e o distributivismo

Implicitamente extraído do inciso IV, do §4º do art. 60, da Constituição da República, o princípio constitucional da máxima igualdade na disputa é a tradução eleitoral da cláusula pétrea, e direito fundamental à igualdade entre todos os cidadãos, insculpido no art. 5º da Constituição de 1988.[213] Mais uma vez como reflexo do princípio republicano, agora trabalhando o princípio da máxima igualdade na disputa, Eneida Desiree Salgado expõe que a ideia de igualdade posta na Constituição "impõe uma relação das campanhas eleitorais, alcançando o controle da propaganda eleitoral, a neutralidade dos poderes públicos, a vedação ao abuso de poder econômico e a imparcialidade dos meios de comunicação",[214] devendo haver igualdade tanto no valor do voto quanto na efetiva representação dos setores da sociedade e na disputa eleitoral em si mesma.[215]

Embora o foco deste livro esteja mais voltado para a concentração de poder político, cumpre reforçar que os abusos a influenciar no processo eleitoral podem ocorrer de outras formas, como na propaganda eleitoral, no poder econômico e no poder de passar informação – meios de comunicação. Para Fávila Ribeiro, embora o poder político, por toda sua abrangência, mereça mais atenção, este não é capaz de monopolizar todas as fontes de poder, e essas outras fontes, portanto, também devem ser devidamente contidas;[216] por isso, frisa o autor:

> Não basta que os diplomas legais eleitorais consagrem com específicos enunciados o princípio da isonomia jurídica, sendo necessário em

---

[213] BIM, Eduardo Fortunato. *Op. cit.* p. 121.
[214] SALGADO, Eneida Desiree. *Princípios constitucionais eleitorais. Op. cit.* p. 177. Ainda sobre a utilização dos meios de comunicação aduz Fábio Comparato: "O conjunto dos meios de comunicação de massa, notadamente o rádio e a televisão, tornaram-se o maior e mais novo poder informal de nossa organização política. Estamos, de fato, diante de um poder autêntico e não de uma força política inorgânica. Por trás do véu da concorrência comercial, as empresas de comunicação criaram uma unidade interna, estruturada juridicamente, e uma estratégia de atuação em comum com os detentores do poder oficial, perante o povo. Hoje, como todos sabem, ainda que os meios de comunicação de massa sejam impotentes para fazer um presidente da República, eles têm capacidade suficiente para impedir que um candidato adversário das forças dominantes conquiste a presidência pela via eleitoral. A organização contemporânea da imprensa, do rádio e da televisão representa, em nosso país, o mais sugestivo exemplo daquele poder impediente de que falava Montesquieu" (COMPARATO, Fábio Konder. *Op. cit.* p. 307-308).
[215] SALGADO, Eneida Desiree. *Princípios constitucionais eleitorais. Op. cit.* p. 178.
[216] RIBEIRO, Fávila. *Abuso de poder no direito eleitoral. Op. cit.* p. 5.

proveito da igualdade no processo eleitoral a extirpação de privilégios nas condições concretas das disputas eleitorais, estando a exigir a maior preocupação sobre a propaganda, para evitar abuso de poder pelo poder social da comunicação, pelas corrosões generalizadas do poder econômico, e pelo protecionismo e clientelismo do poder político por qualquer de suas satelitizações.[217]

Como assinala Óscar Sánchez Muñoz, a igualdade de oportunidades é um dos temas atuais mais importantes e debatidos no Direito Eleitoral.[218] Esta igualdade é tanto no acesso à competição (possibilidade de ser candidato) quanto na igualdade de efetivamente competir (com "armas" ou outros meios materiais de se vencer a disputa, inclusive igualdade antes mesmo do início propriamente da eleição), estando, notadamente o último caso, intimamente ligado a uma eleição livre.[219] Assim o professor Óscar Sánchez Muñoz define o princípio de igualdade de oportunidades eleitorais:

> (...) princípio geral que rege o processo eleitoral em virtude do qual o ordenamento jurídico deverá dispor de garantias suficientes, em primeiro lugar, para assegurar que o acesso à competição eleitoral seja livre e não existam filtros ou obstáculos que impeçam as diversas correntes ideológicas presentes no seio da comunidade de se articularem através de partidos ou outras organizações e se apresentem como alternativas eleitorais diante dos cidadãos; e, em segundo lugar, para ser possível que os sujeitos que assumem ser essas alternativas (partidos, grupos eleitorais ou candidatos individuais), possam participar no processo comunicativo prévio à eleições em condições equitativas, assegurando-se uma visibilidade adequada de todos eles e de suas propostas e evitando que alguém deles possa obter uma vantagem abusiva em consequência de dispor de maiores recursos econômicos, de um acesso privilegiado aos meios de comunicação de massa ou, simplesmente, dele se encontrar no exercício do poder político.[220]

---

[217] RIBEIRO, Fávila. *Abuso de poder no direito eleitoral*. Op. cit. p. 64.

[218] Talvez seja o reflexo eleitoral do que Paulo Bonavides identificou no Direito Constitucional: "De todos os direitos fundamentais a igualdade é aquele que mais tem subido de importância no Direito Constitucional de nossos dias, sendo, como não poderia deixar de ser, o direito-chave, o direito-guardião do Estado Social" (BONAVIDES, Paulo. *Curso de direito constitucional*. 24. ed. atual. e ampl. São Paulo: Malheiros, 2009. p. 376).

[219] MUÑOZ, Óscar Sánchez. Op. cit. p. 349.

[220] (Original: "principio general que rige el proceso electoral en virtud del cual el ordenamiento jurídico deberá disponer de garantías suficientes, en primer lugar, para asegurar que el acceso a la competición electoral sea libre y no existan filtros u obstáculos que impidan las diversas corrientes ideológicas presentes en el seno de la comunidad se articulen a través de partidos o de otras organizaciones y se presenten como alternativas electorales ante

Nesse sentido, um dos principais, senão o principal, vieses da máxima igualdade na disputa eleitoral é "a coibição dos abusos na campanha",[221] uma vez que se refere à igualdade de efetivamente competir. Como sublinha Eneida Desiree Salgado, "a legislação eleitoral busca reprimir os abusos na disputa eleitoral – nomeadamente o abuso do poder econômico, o uso do poder político e o uso indevido dos meios de comunicação social".[222]

A máxima igualdade, assim, não se satisfaz com meros requisitos formais, como assinalado por Óscar Sánchez Muñoz:

> Uma vez que entra em jogo o princípio da igualdade de oportunidades, já não tem sentido seguir falando de igualdade em acesso aos cargos públicos representativos em um sentido puramente formal, como igualdade de condições legais aplicáveis aos candidatos e aos partidos, mas há que se falar também em igualdade nas condições materiais que estes sujeitos desenvolvem suas atuações ou enquanto as armas que podem utilizar na disputa eleitoral.[223]

Tal qual Óscar Muñoz, Paulo Peretti Torelly também destaca que não há mais como contestar que a efetiva igualdade de direitos é mais do que a igualdade perante a lei; há que se buscar, portanto, para além da igualdade formal, a igualdade material, a igualdade substantiva.[224] Isso ocorre, nas

---

a los ciudadanos; y, en segundo lugar, para hacer posible que los sujetos que encarnan dichas alternativas (partidos, agrupaciones electorales o candidatos individuales), puedan participar en el proceso comunicativo previo a la elección en condiciones equitativas, asegurándose una visibilidad adecuada de todos ellos y de sus ofertas y evitando que alguno de ellos pueda obtener una ventaja abusiva como consecuencia de la disposición de mayores recursos económicos, de un acceso privilegiado a los medios de comunicación de masas o, simplemente, del hecho de encontrarse en el ejercicio del poder político".) MUÑOZ, Óscar Sánchez. Op. cit. p. 355.

[221] SALGADO, Eneida Desiree. *Princípios constitucionais eleitorais*. Op. cit. p. 188.

[222] SALGADO, Eneida Desiree. *Princípios constitucionais eleitorais*. Op. cit. p. 189. Óscar Muñoz e Eduardo Bim apontam exatamente essas mesmas três formas de superioridade (política, econômica e de acesso aos meios de comunicação) como especialmente perigosas à liberdade das eleições. MUÑOZ, Óscar Sánchez. Op. cit. p. 354. Eduardo Bim, além de versar sobre essas três formas de abuso de poder, denuncia que o abuso de poder em muitos casos pode assumir outras formas, sendo, portanto, polimorfo (BIM, Eduardo Fortunato. Op. cit. p. 125).

[223] (Original: "Una vez que entra en juego el principio de igualdad de oportunidades, ya no tiene sentido seguir hablando de igualdad en el acceso a los cargos públicos representativos en un sentido puramente formal, como igualdad de las condiciones legales aplicables a los candidatos y a los partidos, sino que hay que hablar también de igualdad en las condiciones materiales en las que estos sujetos desarrollan sus actuaciones o en cuanto a las armas que pueden utilizar en la contienda electoral"). MUÑOZ, Óscar Sánchez. Op. cit. p. 351.

[224] TORELLY, Paulo Peretti. O princípio da isonomia (igualdade política). *Revista Direitos Fundamentais e Justiça*, n. 3, p. 215-245, abr./jun. 2008.

palavras de Raoni Macedo Bielschowsky, em razão da impossibilidade de compreender a democracia fora do seu contexto e fundamentação axiológico-culturais; assim, o procedimento não pode transcender a substância; as normas procedimentais resguardam a igualdade política e até por isso não podem ser fundamento para sua violação.[225]

Reinhold Zippelius explica que, em razão dessa igualdade material efetiva, o princípio da igualdade pode ser reclamado através de recursos constitucionais, exigindo até mesmo prestações positivas do Estado. Esclarece o autor:

> O princípio da igualdade de tratamento não é apenas um princípio objetivo da Justiça. Dele resultam também direitos humanos, como, por exemplo, o direito oponível à igualdade de tratamento de homens e mulheres; direitos democráticos, sobretudo o direito de participação igualitária nas eleições e o direito de todo cidadão de possuir as mesmas prerrogativas cívicas, bem como o direito exclusivo de igual acesso a qualquer função pública, segundo sua aptidão, sua qualificação e seus conhecimentos técnicos.[226]

Para Robert Dahl o princípio da igualdade política só se concretiza quando todos do corpo social político estejam "igualmente qualificados para participar das decisões, desde que tenham iguais oportunidades de aprender sobre as questões da associação pela investigação, pela discussão e pela deliberação".[227]

Mais especificamente à utilização da posição política ocupada, Eneida Desiree Salgado não poderia ser mais clara: "outro aspecto do princípio constitucional da máxima igualdade entre os candidatos é a exigência da absoluta neutralidade dos poderes públicos na campanha eleitoral", uma vez que "o simples uso do poder político é vedado na disputa eleitoral – uma conduta singular em benefício de um candidato (ou em prejuízo de outro) determina, por si só, o desvio de finalidade".

---

[225] BIELSCHOWSKY, Raoni Macedo. *Democracia constitucional*. São Paulo: Saraiva, 2013. p. 66. O mesmo autor ainda esclarece: "há que se reconhecer que há uma representação democrática formal, entendida como a autorização dada pelo povo a um órgão soberano para exercer o poder em seu nome, e ainda uma representação democrática material que consiste justamente em um momento referencial substantivo, ou ainda, em um momento normativo. Esse momento trata justamente da necessária vinculação da atuação dos representantes à necessidade dos representados, bem como com o compromisso com o processo dialético entre representantes e representados no sentido do compromisso de sua atuação com a persecução do interesse da comunidade" (BIELSCHOWSKY, Raoni Macedo. *Op. cit.* p. 79).

[226] ZIPPELIUS, Reinhold. *Op. cit.* p. 127.

[227] DAHL, Robert Alan. *Op. cit.* p. 51.

A constitucionalista vai além, afirmando que, neste caso específico (do uso do poder político para influenciar campanhas eleitorais), "seu uso já se configura abusivo, pois se trata de fator absolutamente irrelevante [*indesejável*] na disputa eleitoral, que não comporta sequer medidas para compensar a desigualdade entre os candidatos".[228] A mesma posição é compartilhada por Óscar Muñoz.[229]

Para Eduardo Bim, auferir benefício eleitoral pela utilização da máquina estatal (que pode se dar tanto com a construção de obras públicas, manipulação de receitas orçamentárias e outras formas que o abuso pode assumir), além de afrontar a igualdade de chances entre os candidatos na eleição, é violação à moralidade e à impessoalidade administrativa. Eduardo Bim denuncia, ainda, o entrelaçamento entre o abuso de poder político e o abuso dos meios de comunicação (o que batizou de coronelismo eletrônico), uma vez que, como as concessões de rádio e TV são dadas pelo governo, distribuídas entre os congressistas e a seus amigos detentores do poder político, "eles usam esse poder, que lhes foi concedido pelo Estado, para promoverem a si mesmos, ou a seus apadrinhados, não tendo nenhum escrúpulo em manipular a massa".[230]

Adriano Soares da Costa diverge que o uso do poder político em campanhas eleitorais, por si só, seja danoso ao processo eleitoral. Para o alagoano:

> (...) o administrador pode e deve pleitear votos para seus correligionários com base em sua atuação frente à Administração Pública, pois se assim como a má gestão da coisa pública será explorada contra o grupo político ligado ao administrador, a boa gestão deve ser exposta como motivação para a continuidade administrativa.[231]

Ainda assim, Adriano Soares da Costa esclarece que "o que deve ser afastado [do processo eleitoral] é o abuso do poder político, não o seu uso legítimo", sendo que, para ele, abuso de poder político "é o uso indevido de cargo ou função pública, com a finalidade de obter votos para determinado candidato", acrescentando que "sua gravidade consiste na utilização do *munus* público para influenciar o eleitorado, com desvio de finalidade".[232]

---

[228] SALGADO, Eneida Desiree. *Princípios constitucionais eleitorais. Op. cit.* p. 203-204.
[229] MUÑOZ, Óscar Sánchez. *Op. cit.* p. 358.
[230] BIM, Eduardo Fortunato. *Op. cit.* p. 128-131.
[231] COSTA, Adriano Soares da. *Instituições de direito eleitoral.* 9. ed. rev. ampl. e atual. Belo Horizonte: Fórum, 2013. p. 360.
[232] COSTA, Adriano Soares da. *Op. cit.* p. 359-360.

José dos Santos Carvalho Filho leciona que "uso do poder, portanto, é a utilização normal, pelos agentes públicos, das prerrogativas que a lei lhes confere", enquanto "abuso de poder é a conduta ilegítima do administrador, quando atua fora dos objetivos expressa ou implicitamente traçados na lei". O abuso de poder é gênero cujas espécies são o excesso de poder, quando "o agente atua fora dos limites de sua competência", e desvio de poder, quando "o agente, embora dentro de sua competência, afasta-se do interesse público que deve nortear todo o desempenho administrativo".[233]

Para Fávila Ribeiro, "o abuso de poder, em síntese, consiste na incontinência, na liberdade, no exercício de direito ou de competência funcional transviando-se em desmando de uso".[234] Não são diferentes as lições de Manoel Adam Lacayo Valente:

> O abuso de poder consiste na exorbitância da autoridade conferida ao agente público e se manifesta no excesso de poder, pela ultrapassagem dos limites legais, e no desvio de poder, pela consecução de finalidades discrepantes daquelas almejadas pela norma concessiva da competência.[235]

Na Lei nº 9.504/1997, conhecida como Lei Geral de Eleições, o legislador ordinário previu, a partir do art. 73, um rol de condutas que, caso incorresse, o agente público estaria praticando abuso de poder político.[236] Para Adriana Campos e Igor Bruno Silva de Oliveira, a finalidade de tais condutas é preservar a igualdade de oportunidades entre os candidatos, bem como coibir abusos dos políticos.[237]

Sobre as condutas vedadas, Eneida Desiree Salgado explica que "não é necessário demonstrar a má-fé ou o desvio de finalidade do agente público: a lei presume um comportamento antirrepublicano e

---

[233] CARVALHO FILHO, José dos Santos. *Op. cit.* p. 48-51.
[234] RIBEIRO, Fávila. *Abuso de poder no direito eleitoral. Op. cit.* p. 22.
[235] VALENTE, Manoel Adam Lacayo. *Aplicabilidade da teoria do desvio de poder no controle da constitucionalidade de atos legislativos:* contornos, limites e superação pela teoria dos princípios. Disponível em: http://www2.senado.leg.br/bdsf/bitstream/handle/id/194923/000865586.pdf?sequence=3. Acesso em: 3 jun. 2017. p. 180.
[236] Para mais considerações sobre as condutas vedadas ao agente público: SOUSA DE BARROS, Tarcísio Augusto; MEIRA, João Henrique Alves. Publicidade institucional no art. 73, VII, da Lei nº 9.504/1997: o passado, o presente e o porvir. *Revista DeMocráTica*, Cuiabá: Tribunal Regional Eleitoral de Mato Grosso, v. 2, p. 183-213, 2016.
[237] CAMPOS, Adriana; OLIVEIRA, Igor Bruno Silva de. O gasto de publicidade institucional no ano eleitoral e os limites impostos pela Lei nº 9.504/1997. *Estudos eleitorais*, v. 9, p. 10-29, 2014, p. 15.

ímprobo dos candidatos e não exclui dessa reputação legal aquele que busca a reeleição".[238] No §1º do referido art. 73 o legislador esclarece que:

> Reputa-se agente público, para os efeitos deste artigo, quem exerce, ainda que transitoriamente ou sem remuneração, por eleição, nomeação, designação, contratação ou qualquer outra forma de investidura ou vínculo, mandato, cargo, emprego ou função nos órgãos ou entidades da administração pública direta, indireta, ou fundacional.[239]

Tentando não cair no excesso (e no erro) de generalização das condutas dos políticos e candidatos, seria possível enquadrar as práticas apontadas no primeiro capítulo (cujo principal intuito é levar à reeleição do deputado federal) como utilização do Poder Público para interferir na igualdade de oportunidades entre os candidatos no processo eleitoral? O distributivismo não é uma forma de utilização do poder público a interferir no processo eleitoral? As práticas distributivistas não estão contribuindo para o sucesso eleitoral dos mandatários candidatos à reeleição para o mesmo cargo (ou mesmo cargos diferentes)? Entendemos que as respostas são positivas para essas perguntas e, consequentemente, cremos que haja, neste ponto, um déficit democrático no nosso processo eleitoral, uma vez que influenciado pelo distributivismo.

Eduardo Martins de Lima e Priscila Ramos Netto Viana convergem para a mesma conclusão quando ressaltam como ponto negativo da Emenda Constitucional nº 86/2015 "o fato de ferirem a igualdade no processo eleitoral, em relação à participação dos futuros candidatos a deputado e senador, que não possuem o mesmo poder de convencimento e barganha em relação ao eleitor", aprofundando as mazelas do nosso sistema político.[240]

O constitucionalismo democrático, além de cuidar da fundação do poder, assenta-se na sua contenção. Em razão disso, o próximo capítulo objetiva dar bases teóricas para justificar a necessidade de constrição dos abusos e desvios apontados como forma de refundação do poder originariamente criado.

---

[238] SALGADO, Eneida Desiree. *Princípios constitucionais eleitorais*. Op. cit. p. 183.

[239] BRASIL. Lei nº 9.504/1997. Estabelece normas para as eleições. Disponível em: http://www.planalto.gov.br/ccivil_03/leis/L9504.htm. Acesso em: 3 abr. 2017.

[240] LIMA, Eduardo Martins; VIANA, Priscila Ramos Netto. As relações entre o executivo e o legislativo na elaboração do orçamento brasileiro: considerações sobre a emenda constitucional 86/2015. *Revista de Direito Tributário e Financeiro*, v. 2, n. 2, p. 199-220, jul./dez. 2016. Disponível em: http://www.indexlaw.org/index.php/direitotributario/article/view/1368/pdf. Acesso em: 30 nov. 2021.

CAPÍTULO 3

CONTROLE DE PODER POLÍTICO E PERSPECTIVAS DE COMO FAZÊ-LO

Karl Loewenstein, em sua seminal *Teoria da Constituição*, estabelece alguns conceitos fundamentais para que possamos tratar do controle como elemento de limitação de poder no Estado Democrático de Direito. O poder, nos esclarece o cientista político alemão, é como o amor e a fé (os três incentivos fundamentais da vida humana, segundo ele), uma vez que não pode ser compreendido em sua essência; aos estudiosos do poder resta a já difícil tarefa de constatar e valorar suas manifestações, efeitos e resultados no mundo das aparências, não entender sua substância.[241]

Uma definição ontológica de qualquer desses três incentivos, diz Loewenstein, seria um intento fadado ao fracasso. O estudioso do poder, como os estudiosos do amor e da fé, deve conhecer como ele opera.[242] Se, por um lado, Loewenstein aponta a impossibilidade de compreender a essência do poder, Fávila Ribeiro ressalta que estudá-lo é necessário, não por deleite intelectual, mas para entender as restrições que a ele se aplicam.[243]

Assim, procede Loewenstein, a observação dos fenômenos do poder, nos leva à conclusão de que todos aqueles (à exceção dos santos, talvez) que detêm poder ilimitado dele tendem a abusar. Este caráter do poder é o que leva o autor a adjetivá-lo como "demoníaco", e é certamente ilustrativa dessa desconfiança do poder sua frase: "a história

---

[241] LOEWENSTEIN, Karl. *Teoría de la Constitución*. Barcelona: Ariel, 1979. p. 23.
[242] LOEWENSTEIN, Karl. *Op. cit.* p. 23.
[243] RIBEIRO, Fávila. *Abuso de poder no direito eleitoral. Op. cit.* p. 16-17.

mostra como o amor e a fé contribuíram para a felicidade do homem, e como o poder contribuiu para sua miséria".²⁴⁴

Utilizando-se de Thomas Hobbes, Fávila Ribeiro aponta o poder como principal desejo do homem, atributo inerente à sua natureza social, e que este [homem] não encerra seus ciclos de desejo, sempre procurando desejar e possuir mais. Por isso, o êxito na conquista do poder não o satisfaz, havendo sempre o consecutivo desejo de poder mais, e novamente. Esses "impulsos egoísticos" levam à realidade segundo a qual o poder, independentemente do modo com que se manifeste, tende a ser abusado, e é por isso que surge a necessidade de controlá-lo.²⁴⁵

Fiel à sua tese de que o poder não pode ser entendido de modo ontológico ou essencialista, Loewenstein estabelece que sua metodologia para estudar o poder parte de uma neutralidade valorativa desse fenômeno. Toda a sociedade é marcada por um feixe de relações de poder (econômico, social, político, etc.), e essas relações não são, para ele, boas ou ruins em si mesmas, ao menos para o propósito de seus estudos.²⁴⁶ Estatui Loewenstein:

> O poder é uma relação sociopsicológica baseada em um recíproco efeito entre os que detêm e exercem o poder – a serem denominados os detentores de poder – e aqueles a que o poder se dirige – aqui designados como os destinatários de poder. Dentro do marco da sociedade, o Estado se apresenta como a forma exclusiva ou preponderante, de acordo com a situação histórica da organização sociopolítica.²⁴⁷

Com isso, Loewenstein traça uma importante distinção, que marcará toda a sua concepção da estruturação dos sistemas políticos: a distinção entre os detentores do poder (aqueles que efetivamente são titulares desse poder e, a partir desse título, o exercem) e os destinatários do poder (aqueles que estão sujeitos às decisões tomadas pelos detentores do poder).²⁴⁸

---

²⁴⁴ Original: "La historia muestra cómo el amor y la fe han contribuido a la felicidad del hombre, y cómo el poder a su miseria." LOEWENSTEIN, Karl. *Op. cit.* p. 23-28.
²⁴⁵ RIBEIRO, Fávila. *Abuso de poder no direito eleitoral. Op. cit.* p. 8-11.
²⁴⁶ LOEWENSTEIN, Karl. *Op. cit.* p. 26.
²⁴⁷ Original: "El poder es una relación sociopsicológica basada en un recíproco efecto entre los que detentan y ejercen el poder – serán denominados los detentadores del poder – y aquellos a los que va dirigido – serán aquí designados como los destinatarios del poder. Dentro del marco de la sociedad, el Estado se presenta como la forma exclusiva o preponderante, según la situación histórica de la organización sociopolítica." (LOEWENSTEIN, Karl. *Op. cit.* p. 26-27).
²⁴⁸ LOEWENSTEIN, Karl. *Op. cit.* p. 26.

Aos detentores, é atribuído o que se chama de "controle social" (em outras palavras, a eles é atribuída a função de tomar decisões pela coletividade, e impor aos destinatários o cumprimento dessas decisões). Numa sociedade estatal, portanto, o poder político está nas mãos daqueles que efetivamente exercem esse controle social.[249]

Estes conceitos são fundamentais para que se possa diferenciar, com efeito, Estados democráticos e constitucionais de Estados autoritários. De fato, a própria história do constitucionalismo seria marcada pelo crescente controle do poder, seja do Estado, seja dos seus detentores:

> Em uma perspectiva histórica, o constitucionalismo tem sido a busca do meio mais eficaz para moderar e limitar o poder político, primeiro do governo e depois de todos e de cada um dos detentores do poder. O homem racional desconfia por natureza de todo poder ilimitado, e com razão. Se o fim mais nobre da sociedade é alcançar aquele estado que permita o máximo desenvolvimento da personalidade de cada membro, se pode dizer que o grau de aproximação a esse fim corresponde aos progressos que cada sociedade estatal realizou em relação àquelas instituições destinadas a controlar e limitar o poder político. O atual retrocesso que experimenta a liberdade se reflete na pouca força ou eliminação das ditas instituições de controle.[250]

O "atual retrocesso" de que Loewenstein trata, possivelmente, são os regimes totalitários que marcaram o século XX, visto que sua *Teoria da Constituição* foi publicada em 1953. Nesse sentido, Loewenstein demarca o que entende pela diferença entre Estado democrático constitucional e Estados autoritários. No primeiro, prepondera uma tentativa do sistema de poder de traçar um equilíbrio entre as forças pluralistas que disputam o poder dentro da sociedade. Nas autocracias, o dito "controle social" é monopolizado por apenas uma figura, um único detentor de poder, ainda que seja uma corporação, etc.[251]

---

[249] LOEWENSTEIN, Karl. *Op. cit.* p. 27
[250] Original: "En una perspectiva histórica, el constitucionalismo ha sido la búsqueda del medio más eficaz para moderar y limitar el poder político, primero del gobierno y después el de todos y cada uno de los detentadores del poder. El hombre racional desconfía por naturaleza de todo poder ilimitado, y con razón. Si el fin más noble de la sociedad es alcanzar aquel estado que permita el máximo desarrollo de la personalidad de cada miembro, se puede decir que el grado de acercamiento a dicho fin se corresponde con los progresos que cada sociedad estatal ha realizado en relación con aquellas instituciones destinadas a controlar y limitar el poder político. El actual retroceso que experimenta la libertad se refleja en la poca fuerza o eliminación de dichas instituciones de control." (LOEWENSTEIN, Karl. *Op. cit.* p. 68).
[251] LOEWENSTEIN, Karl. *Op. cit.* p. 27.

Se é preciso limitar o poder político, para evitar que haja a emergência de sua faceta demoníaca (em outras palavras, para evitar que ele seja abusado), então é preciso colocar limitações aos próprios detentores de poder. Tanto na história antiga quanto na história moderna, esse será o marco da ideia central do constitucionalismo.[252] Para Canotilho, embora no constitucionalismo antigo já houvesse princípios limitadores do poder do monarca, o constitucionalismo moderno é o movimento político, social e cultural que questiona política, filosófica e juridicamente o domínio político através de uma nova forma de ordenação e fundamentação do poder político;[253] a limitação do poder através da subordinação ao direito dos titulares do poder é, por isso, o fim permanente do constitucionalismo moderno.[254]

Assim, o melhor modo de se limitar o poder seria um acordo inicial, fundante, produzido pela própria comunidade política, que se traduz em regras (leis) fixas que obrigarão os detentores e os destinatários do poder; para Loewenstein, a colocação dessas regras num documento formal é o que configura a Constituição:[255]

> O Estado Constitucional se baseia no princípio da distribuição de poder. A distribuição de poder existe quando vários e independentes detentores de poder ou órgãos estatais participam na formação da vontade estatal. As funções que a eles foram designadas são submetidas a um respectivo controle através dos outros detentores de poder; como está distribuído, o exercício de poder político está necessariamente controlado. É uma verdade de Pero Grullo que onde duas cabeças têm que tomar uma decisão, uma delas não poderá prevalecer com sua opinião.[256]

Desse modo, o Estado autocrático é aquele que se caracteriza por ter apenas um detentor de poder. O exercício do poder fica, portanto, concentrado nas mãos desse detentor – a saber, uma pessoa (ditador), uma assembleia, um comitê ou mesmo um partido. Esse monopólio

---

[252] LOEWENSTEIN, Karl. *Op. cit.* p. 29.
[253] CANOTILHO, José Joaquim Gomes. *Op. cit.* p. 52.
[254] CANOTILHO, José Joaquim Gomes. *Op. cit.* p. 1.440.
[255] LOEWENSTEIN, Karl. *Op. cit.* p. 29.
[256] Original: "El Estado constitucional se basa en el principio de la distribución de poder. La distribución de poder existe cuando varios e independientes detentadores del poder u órganos estatales participan en la formación de la voluntad estatal. Las funciones que les han sido asignadas están sometidas a un respectivo control a través de los otros detentadores del poder; como está distribuido, el ejercicio del poder político está necesariamente controlado. Es una verdad de Pero Grullo que donde dos cabezas tienen que tomar una decisión una sola no podrá prevalecer con su opinión." (LOEWENSTEIN, Karl. *Op. cit.* p. 50).

político do detentor do poder não está submetido a nenhum limite constitucional, de tal modo que ele goze de poder absoluto. O circuito de poder, num tal regime, é necessariamente fechado.[257]

Essa é a mesma definição de autocracia que, aliás, nos dão Carl Joachim Friedrich e Zbigniew Brzezinski, em seu *Totalitarian Dictatorship and Autocracy*. Para esses autores, a característica que distingue um regime autocrático é a de que o governante não é responsabilizado pelos seus atos; é o próprio governante quem toma as decisões e avalia seus resultados – não há um corpo político externo que faça a avaliação da responsabilidade do autocrata.[258] No mesmo sentido, Lenio Luiz Streck e José Luis Bolzan de Morais explicam que "totalitarismo significa Estado total, que absorve em seu interior e em sua organização o todo da sociedade, e suas instituições, controlando-a por inteiro".[259]

Um sistema que controle o poder dos governantes, que os tornem, portanto, "responsáveis" pelos seus atos, deve ser expresso em regras, que, em conjunto, formarão a Constituição; em outras palavras, um regime constitucional é aquele que controla os seus governantes submetendo-os aos comandos de uma lei, segundo Friedrich. Por outro lado, a autocracia seria aquele sistema em que os governantes não são suficientemente (quando o são) submetidos aos comandos da lei.[260]

Friedrich e Brzezinski apontam, neste sentido, que a mera existência de leis não é, no entanto, suficiente para caracterizar um governo. Mesmo regimes dos mais cruéis e reconhecidamente tirânicos, como os totalitarismos alemão e soviético, foram regimes que se valeram de um vasto conjunto de legislações; o que diferencia a autocracia da democracia constitucional, portanto, não é a mera existência de um feixe de normas legais, mas o fato de que há normas para efetivamente responsabilizar e controlar a atividade daqueles que governam.[261]

Rodolfo Vianna Pereira, em seu *Direito Constitucional Democrático: controle e participação como elementos fundantes e garantidores da constitucionalidade*, propõe que a caracterização do constitucionalismo seja feita exatamente por meio da ideia de controle de poder,[262] ou seja, de controle dos detentores de poder, como esboçado por Karl Loewenstein.

---

[257] LOEWENSTEIN, Karl. *Op. cit.* p. 51.
[258] FRIEDRICH, Carl; BRZEZINSKI, Zbigniew. *Totalitarian Dictatorship and Autocracy*. 2. ed. Nova Iorque: Frederick A. Praegers, 1956. p. 5.
[259] STRECK, Lênio Luiz; MORAIS, José Luis Bolzan de. *Op. cit.* p. 139.
[260] FRIEDRICH, Carl; BRZEZINSKI, Zbigniew. *Op. cit.* p. 5-6.
[261] FRIEDRICH, Carl; BRZEZINSKI, Zbigniew. *Op. cit.* p. 6.
[262] PEREIRA, Rodolfo Viana. *Direito Constitucional Democrático:* controle e participação como elementos fundantes e garantidores da constitucionalidade. *Op. cit.* p. 16.

Para Rodolfo Viana Pereira, o controle pode representar a ideia que une diferentes tradições teóricas a respeito do constitucionalismo, constituindo, assim, um núcleo duro, um "elemento de permanência, uma linha de intersecção"[263] entre os diversos modos de se abordar o fenômeno constitucional.
Assim:

> A caracterização do controle do poder como elemento necessário, ainda que não suficiente, do constitucionalismo, parece ser inquestionável quando se tem em vista sua associação histórica como teoria e movimentos políticos que recriaram a natureza e a função do princípio da soberania e da organização política em virtude da proteção do indivíduo, o controle do exercício do poder através do princípio da legalidade e do arranjo institucional tornou-se, pois, o *modus operandi* desse particular modelo de Estado.[264]

Rodolfo Viana Pereira esclarece, ainda, que "a sujeição do exercício da autoridade a certos padrões normativos previamente reconhecidos representa talvez um dos poucos, senão o único ponto de concordância teórica geralmente relacionado ao tema".[265] Desse modo, o constitucionalismo possui íntima relação com a regulação do poder estatal; ou, até melhor, teria o controle em seu âmago. O controle é elemento necessário do constitucionalismo.

De fato, Carl Joachim Friedrich, em outra obra sua, *Governo Constitucional e Democracia: Teoria e Prática na Europa e na América*, oferece suporte às afirmações do professor Rodolfo Viana Pereira. Constitucionalismo se trata, para ele, de submeter o governo a um sistema de efetivas restrições e contenções, que levem a uma divisão de poderes; isto é obtido, assim, por diferentes técnicas e métodos que garantem o equilíbrio de poderes e a responsabilidade dos governantes pelos seus atos.[266]

Historicamente, há movimentos políticos que lutam por um maior controle do poder que os detentores têm sobre os destinatários;

---

[263] PEREIRA, Rodolfo Viana. *Direito Constitucional Democrático*: controle e participação como elementos fundantes e garantidores da constitucionalidade. *Op. cit.* p. 16.

[264] PEREIRA, Rodolfo Viana. *Direito Constitucional Democrático*: controle e participação como elementos fundantes e garantidores da constitucionalidade. *Op. cit.* p. 16.

[265] PEREIRA, Rodolfo Viana. *Direito Constitucional Democrático*: controle e participação como elementos fundantes e garantidores da constitucionalidade. *Op. cit.* p. 17.

[266] FRIEDRICH, Carl. *Constitutional Government and Democracy*: Theory and Practice in Europe and America. New Delhi: Oxford&IBH, 1966. p. 27.

essas lutas se traduziram em conquistas institucionais à medida que as constituições incorporaram diferentes técnicas de controle, arranjo e distribuição de poder. E o meio mais eficaz para que ocorra esse controle do poder político, diz Loewenstein, é a atribuição de diferentes funções estatais a diferentes detentores de poder e órgãos estatais. Tal distribuição permite que cada um deles receba controle (freios e contrapesos) dos outros poderes, de modo que o poder controle o poder.[267]

Em importante distinção, Loewenstein esclarece:

> Neste ponto, é necessário fazer um importante esclarecimento: a distribuição do poder político e o controle do poder político não são duas categorias iguais, mas que se diferenciam. A distribuição de poder significa um controle de poder recíproco. Quando os detentores do poder no exercício de uma função, por exemplo a legislação, estão obrigados a cooperar, não podem impor um ao outro sua opinião. A divisão da função legislativa entre duas câmaras parlamentares no sistema bicameral, a exigência da confirmação do Senado para a nomeação feito pelo presidente americano, a necessidade de referendo pelo gabinete de um ato político do monarca ou do presidente da república, o plebiscito prescrito para a emenda constitucional – todos estes são exemplos da função do controle em virtude da constituição, segundo a qual um ato político só será eficaz quando diversos detentores de poder participam e cooperam em sua realização. Mas a distribuição de poder não esgota a essência do controle do poder. À parte as indicadas, existem técnicas de controle autônomas que o detentor de poder pode usar discricionária e independentemente; o detentor de poder é livre para aplicá-las, ou seja, pode fazê-lo, mas não está obrigado a isso. Assim, pois, estas técnicas não aparecem necessariamente no processo político.[268]

---

[267] LOEWENSTEIN, Karl. *Op. cit.* Reinhold Zippelius também vê na distribuição de poder uma forma de contenção do seu abuso (ZIPPELIUS, Reinhold. *Op. cit.* p. 104). No mesmo sentido, para Fávila Ribeiro, "a desconcentração interna do Estado atende a imperativos de prevenção contra abusos e como medida de eficiência política, aplicando a regra de divisão interna que constitui uma acomodação estrutural que reflete a estratégia de contenção" (RIBEIRO, Fávila. *Abuso de poder no direito eleitoral. Op. cit.* p. 57). Aqui é importante destacar que, embora não desconsidere "o aforismo de que só o poder controla o poder", e talvez até em sua homenagem, Rodolfo Viana Pereira ressalta que devem ser incentivados, além dos convencionais, outros mecanismos de controle do poder, inclusive os que venham a ser forjados a partir da sociedade civil (PEREIRA, Rodolfo Viana. *Direito Constitucional Democrático*: controle e participação como elementos fundantes e garantidores da constitucionalidade. *Op. cit.* p. 253).

[268] Original: "En este punto es necesario hacer una importante aclaración: la *distribución* del poder político y el *control* del poder político no son dos categorías iguales, sino que se diferencian. La distribución del poder significa en sí un recíproco control del poder. Cuando los detentadores del poder en el ejercicio de una función, por ejemplo la legislación, están obligados a cooperar, no puede imponer el uno al otro su opinión. La división de la función legislativa entre las dos cámaras parlamentarias en el sistema bicameral, la

A isso, Loewenstein relaciona outro conceito, do qual já tratamos com alguma brevidade: a responsabilidade política. Segundo Lowenstein, ocorre quando um determinado detentor de poder tem que prestar contas de sua atuação a um outro detentor de poder, por exemplo, o governo ao parlamento, o parlamento ao governo, e os dois ao eleitorado. Isto também, diz Loewenstein, é um conceito típico do constitucionalismo moderno.[269]

Segundo Loewenstein, embora já se conhecessem formas de responsabilização de funcionários eleitos ainda na Roma Antiga, será com os ingleses que a responsabilidade política se tornará autêntica instituição de controle constitucional do poder.[270] A responsabilidade política, explica Loewenstein, se institucionaliza conforme o tipo de governo. Pode estar presente no voto de não confiança do parlamento ao governo, na dissolução do parlamento pelo governo, e também por meio da eleição, momento em que os eleitores rechaçam ou reconduzem os detentores de poder conforme a avaliação que façam do cumprimento de suas obrigações passadas; para o alemão, essas técnicas de controle do detentor do poder seriam mais eficazes que outras.[271]

Essas visões de controle de poder e responsabilidade também são compartilhadas por Fávila Ribeiro:

> A realização mesma do Estado de Direito fica a depender da adequação da ordem jurídica em manter restrições efetivas ao poder, revelando-se em condições reais de conter os seus surtos de abusos, submetendo-se a objetivas pautas de responsabilidade.[272]

Por consequência, um Estado constitucional é necessariamente um Estado em que o governo seja responsável politicamente. Considera-se um governo responsável quando o exercício do poder se encontra

---

exigencia de la confirmación del Senado para un nombramiento hecho por el presidente americano, la necesidad de refrendo por el gabinete de un acto político del monarca o del presidente de la república, el plebiscito prescrito para la enmienda constitucional – todos éstos son ejemplos de la función de control *en virtud de la Constitución*, según la cual un acto político sólo será eficaz cuando diversos detentadores del poder participan y cooperan en su realización. Pero la distribución del poder no agota la esencia de controlar del poder. Aparte de las indicadas, existen unas técnicas del control autónomas que el detentador del poder puede usar discrecional e independientemente; el detentador del poder es libre para aplicarlas, es decir, puede hacerlo, pero no está obligado a ello. Así pues, estas técnicas no aparecen necesariamente en el proceso político." (LOEWENSTEIN, Karl. *Op. cit.* p. 69-70).

[269] LOEWENSTEIN, Karl. *Op. cit.* p. 70-71.
[270] LOEWENSTEIN, Karl. *Op. cit.* p. 69.
[271] LOEWENSTEIN, Karl. *Op. cit.* p. 71.
[272] RIBEIRO, Fávila. *Abuso de poder no direito eleitoral. Op. cit.* p. 2.

controlado e distribuído entre diversos detentores de poder. As regras de distribuição e controle estão, consequentemente, todas previstas no texto constitucional. Para isso, propõe-se então a supremacia da Constituição,[273] para que a observância dessas regras não esteja sujeita às mudanças políticas ocasionais.[274]

O Estado autocrático, por sua vez, será aquele em que estão ausentes as técnicas de distribuição, controle e/ou responsabilidade política do único detentor de poder. O poder, exercido sem limites e sem controle político, será constantemente abusado, e na sua mais pura forma demoníaca; caso em que a revolução pode ser a *ultima ratio* dos destinatários do poder para que o Estado passe a ser um Estado de Direito[275] constitucional.[276]

Loewenstein também chama atenção para o fato de que os detentores de poder são encarregados de levar adiante a execução das decisões políticas fundamentais tomadas no momento de elaboração da Constituição. Essas decisões, tomadas pela sociedade, determinam seu presente e futuro; dizem respeito a assuntos internos e externos, políticos, econômicos ou mesmo morais.[277]

---

[273] Já tratamos sobre o tema no capítulo anterior, mas podemos frisar que, conforme lição de Daniel Sarmento e Cláudio Pereira de Souza Neto, a supremacia constitucional advém da importância material do seu conteúdo: direitos fundamentais e regras de organização do poder. Assim: "Outro conteúdo próprio das constituições – a organização do Estado – também reclama que se situem as normas constitucionais em posição hierarquicamente superior. As constituições liberais, além de fixarem catálogos de direitos, possuíam também normas que instituíam órgãos do Estado, distribuíam competências entre eles e estabeleciam procedimentos para sua atuação. As constituições, com o objetivo de conter os excessos da maioria, estabeleceram arranjos institucionais como o bicameralismo, a federação e a separação dos poderes. Sem esses mecanismos de controle, garantidos em constituições providas de supremacia, o Estado de Direito seria colocado em risco. A supremacia constitucional decorre, em sua origem, dessa função exercida pelas constituições. Se é função da Constituição limitar o exercício do poder, as suas normas devem ser superiores às produzidas ordinariamente". SOUZA NETO, Cláudio Pereira de; SARMENTO, Daniel. *Op. cit.* p. 24.

[274] LOEWENSTEIN, Karl. *Op. cit.* p. 71.

[275] Na definição de José Luiz Borges Horta, o Estado de Direito é a "forma política que confere aos direitos fundamentais primazia axiológica: não há norma mais importante que aquelas que, ao consagrarem direitos, tornam-se nucleares a todo o ordenamento jurídico". Vale dizer que, na definição do professor, não escapa o aspecto do controle do poder; Estado de Direito e constitucionalismo se entrelaçam: "Emerge, assim, toda uma nova perspectiva de vida política, fundada, por um lado, em elementos materiais de grande nobreza – os direitos fundamentais –, e por outro, em sofisticadas técnicas de estruturação e controle do poder – o *constitucionalismo*" (HORTA, José Luiz Borges. *História do Estado de Direito*. Belo Horizonte: Alameda Casa Editorial, 2010. p. 37).

[276] LOEWENSTEIN, Karl. *Op. cit.* p. 72,

[277] LOEWENSTEIN, Karl. *Op. cit.* p. 63.

Para Loewenstein, a decisão política mais importante deste momento é a eleição do sistema político e, dentro desse sistema, a forma específica de governo sob a qual a comunidade política irá coexistir. São decisões que obrigam um compromisso entre diversas forças da sociedade e, por sua própria natureza, são momentos raros da existência de uma comunidade.[278]

Uma vez que sejam tomadas e redigidas no documento constitucional, tais decisões serão executadas pelos detentores de poder. Envolvem, assim, um feixe amplo de atividades estatais. A legislação é a mais lembrada, mas também não se pode olvidar da atividade da administração – exercida pelo Poder Executivo. Loewenstein aponta para a atividade ampla do Judiciário, com especial destaque ao *"judicial review"* criado pelos norte-americanos como importante faceta da execução da decisão política fundamental pelos detentores de poder.[279]

Assim, Lowenstein:

> Se aplicarmos agora as categorias da execução da decisão política fundamental ao sistema político do constitucionalismo e da autocracia, se poderá dizer que no constitucionalismo, dita função, tanto quanto a função da decisão política, está distribuída entre diferentes detentores de poder. O parlamento participa ao formular através da legislação a decisão política tomada, e ao estabelecer para a comunidade regras puramente técnico-utilitárias. O governo participará nesta função através da administração, por meio de suas autoridades e funcionários e, finalmente, os tribunais irão resolver os casos concretos de conflitos de interesses, assim como ao controlar amplamente a legalidade da administração, ou seja, se a atividade administrativa se encontra de acordo com a lei. Na autocracia, por outro lado, o único detentor de poder monopoliza a execução da decisão fundamental, e, se bem pode delegar, segundo considere oportuno, a função a ajudantes e órgãos hierarquicamente subordinados, os outorgará sem nenhuma autêntica independência que escape a seu exclusivo poder de mando e controle.[280]

---

[278] LOEWENSTEIN, Karl. *Op. cit.* p. 63.
[279] LOEWENSTEIN, Karl. *Op. cit.* p. 68.
[280] Original: "Si se aplican ahora las categorías de la ejecución de la decisión política fundamental al sistema político del constitucionalismo y de la autocracia, se podrá decir que en el constitucionalismo dicha función, igual que la función de la decisión política, está distribuida entre diferentes detentadores del poder. El parlamento participa al formular a través de la legislación la decisión política tomada, y al establecer para la comunidad las reglas puramente técnico-utilitarias. El gobierno participará en esta función a través de la administración por medio de sus autoridades y funcionarios y, finalmente, los tribunales lo harán al resolver los casos concretos de conflictos de intereses, así como al controlar ampliamente la legalidad de la administración, es decir, si la actividad administrativa se encuentra de acuerdo con la ley. En la autocracia, por otro lado, el único detentor del

Interessante que, sem contradizer Loewnstein, Pereira "ultrapassa a pré-compreensão liberal do poder como fenômeno malévolo e vislumbra suas potencialidades construtivas".[281] Em verdade, a conclusão de ambos dialoga: o poder não é um mal em si, embora necessite de controle (em grande medida) pela predisposição humana ao seu abuso.

3.1 As funções democráticas das dimensões do controle do poder em Rodolfo Viana Pereira: controle-fundante e controle-garantia[282]

Assim, tem-se um panorama teórico que nos permite entrever a razão pela qual Rodolfo Vianna Pereira caracteriza o controle do poder como uma categoria teórica que pode unir diversas correntes e tradições teóricas do constitucionalismo[283] e assim caracterizar o controle como um elemento necessário do constitucionalismo.

Para Pereira, mesmo os discursos constitucionais que não privilegiam a contenção do poder como elemento fundador da

---

poder monopoliza la ejecución de la decisión fundamental, y si bien puede delegar, según considere oportuno, la función en ayudantes y órganos jerárquicamente subordinados, no les otorgará sin embargo ninguna auténtica independencia que se escape a su exclusivo poder de mando y control." (LOEWENSTEIN, Karl. *Op. cit.* p. 68).

[281] PEREIRA, Rodolfo Viana. PEREIRA, Rodolfo Viana. *Direito Constitucional Democrático*: controle e participação como elementos fundantes e garantidores da constitucionalidade. *Op. cit.* p. 21.

[282] Esta seção contém excertos do artigo "Constitucionalismo e judicialização na política: poder, controle e excesso", publicação de SOUSA DE BARROS, Tarcísio Augusto; VEYL, Raul Salvador Blasi. Constitucionalismo e judicialização na política: poder, controle e excesso. *Revista da Faculdade de Direito do Sul de Minas*, Pouso Alegre, v. 33, n. 1, p. 215-244, jan./jun. 2017.

[283] No mesmo sentido, advoga Manuel Aragón, numa afirmação categórica: "Para uma teoria constitucional adequada à única Constituição normativa possível, que é a Constituição democrática, o controle é o elemento que, ao colocar em conexão precisamente o duplo caráter instrumental e legitimador da Constituição, impede que ambos carátres possam se dissociar. O controle passa a ser assim um elemento inseparável da Constituição, do conceito mesmo de Constituição. Quando não há controle, não ocorre que só a Constituição veja debilitadas ou anuladas suas garantias, ou que se faça difícil ou impossível sua 'realização'; ocorre, simplesmente, que não há Constituição". Original: "Para una teoría constitucional adecuada a la única Constitución «normativa» posible, que es la Constitución democrática, el control es el elemento que, al poner en conexión precisamente el doble carácter instrumental y legitimador de la Constitución, impide que ambos caracteres puedan disociarse. El control pasa a ser así un elemento inseparable de la Constitución, del concepto mismo de Constitución. Cuando no hay control, no ocurre sólo que la Constitución vea debilitadas o anuladas sus garantías, o que se haga difícil o imposible su «realización»; ocurre, simplemente, que no hay Constitución." (ARAGÓN, Manuel. El Control como elemento inseparable del concepto de Constitución. *Revista Española de Derecho Constitucional*, Madrid, v. 19, n. 7, p. 52, abr. 1987).

constitucionalidade não podem escapar do fato de que, eventualmente, podem ocorrer disrupturas no exercício das atividades do poder. Sabemos que, desde o advento da crítica ao constitucionalismo clássico, a noção de controle como algo meramente limitativo e negativo da atuação estatal está esgotada; esta contribuição nos trouxe o constitucionalismo social, em sua versão democrático-pluralista.[284]

Em crítica às abordagens tradicionais do fenômeno constitucional, Pereira nos ensina:

> Não obstante, o grande equívoco das abordagens tradicionais ao poder e ao controle constitucional está na sua tendência simplória ao reducionismo. Em primeiro lugar, por vislumbrar na ideia de controle apenas sua dimensão dogmática de garantia da normatividade constitucional, seja através de uma vertente substancialista ou procedimentalista. No primeiro caso, o controle é visto como instrumento de proteção de certos valores constitucionais tidos como superiores e oponíveis ao poder do Estado. Assim é que a tradição dos estudos acerca do constitucionalismo se funda, em sua maior parte, no apreço ao direito de liberdade individual em contraste com a desconfiança do poder estatal. No segundo caso, o controle é interpretado apenas como um procedimento que visa assegurar a posição privilegiada da constituição, em termos de rigidez e superioridade formal, no quadro das espécies normativas. Em ambos os casos, restringe-se a noção de controle a um momento posterior ao ato de fundação constitucional, limitando-o à mera função de *garantia* da normatividade previamente definida. Em segundo lugar, as abordagens tradicionais são igualmente reducionistas já que, em sua maior parte, associam a função do controle a um princípio negativo: controlar seria semanticamente equivalente apenas a reduzir, limitar, paralisar. "Governo limitado" e "poder proscrito" são, nesse contexto, os únicos resultados esperados das técnicas de controle.[285]

É nesse sentido que Pereira irá destacar as duas dimensões do controle de poder, uma dualidade que marcará todo seu livro e que permite repensar o controle enquanto categoria necessária para definir o constitucionalismo. Vejamos: a democracia, segundo o autor, é o

---

[284] PEREIRA, Rodolfo Viana. PEREIRA, Rodolfo Viana. *Direito Constitucional Democrático:* controle e participação como elementos fundantes e garantidores da constitucionalidade. *Op. cit.* p. 19.

[285] PEREIRA, Rodolfo Viana. *Direito Constitucional Democrático:* controle e participação como elementos fundantes e garantidores da constitucionalidade. *Op. cit.* p. 21. O que Pereira classifica como controle garantia, Fávila Ribeiro explica da seguinte maneira: "de início, a produção fundamental da ordem jurídica demanda a atividade construtiva suprema a ser cumprida pelo Poder Constituinte, que deve trazer em suas nascentes o lastro de legitimidade originária a ficar implantada na ordem constituída emergente". RIBEIRO, Fávila. *Abuso de poder no direito eleitoral. Op. cit.* p. 1.

único método de gestão de poder que se admite atualmente, no tocante ao Estado de Direito. Deve-se, portanto, atentar às duas funções que a democracia tem: uma função de legitimação e uma de controle propriamente dita. Na primeira, tem-se que o propósito é o de "destacar a soberania popular como o único princípio capaz de fundamentar decisões tomadas em assuntos de interesse público". Na função de controle, a democracia se realiza por meio de anteparos à prática desviante do poder, prezando-se "pela adequação do seu uso e exercício". Essas duas funções da realização democrática correspondem às duas dimensões do controle constitucional que serão apresentadas por Rodolfo Viana Pereira e demonstram por que é o princípio democrático o "fundamento radical da legitimidade do controle constitucional, bem como do seu processo de legitimação".[286]

Isso permite ao autor dividir a categoria do controle em duas dimensões. Na primeira dimensão, a fundante, o controle está intrinsecamente ligado à função democrática da legitimação, isto é, tem como objetivo o controle das condições de existência de certa comunidade política através da criação de "procedimentos e regras habilitadoras da gestão e da tomada de decisão em assuntos de relevância pública".[287] Neste caso, controla-se o devir, o futuro de uma determinada sociedade enquanto comunidade política. Trata-se de atividade ligada especialmente à configuração da vontade política coletiva.

Já em sua dimensão garantia, o controle coloca-se como sistema que visa adequar o exercício do poder (ou, nas palavras de Loewenstein, do "controle social" exercido pelos detentores de poder) aos limites estabelecidos já em sua dimensão fundante. Trata-se de momento reformador, em que se afere a adequação jurídica do "desempenho das ordens social e política ao estabelecido na norma constitucional".[288] Assenta Canotilho que o Estado Constitucional resta incompleto e enfraquecido sem as garantias de observância, estabilidade e preservação das normas constitucionais; o que se busca, assim, mais do que defender o Estado, é a defesa da própria ordem constitucional.[289] Nesta dimensão, portanto, trataremos essencialmente da correção do exercício do

---

[286] PEREIRA, Rodolfo Viana. *Direito Constitucional Democrático*: controle e participação como elementos fundantes e garantidores da constitucionalidade. *Op. cit.* p. 31-32.
[287] PEREIRA, Rodolfo Viana. *Direito Constitucional Democrático*: controle e participação como elementos fundantes e garantidores da constitucionalidade. *Op. cit.* p. 32.
[288] PEREIRA, Rodolfo Viana. *Direito Constitucional Democrático*: controle e participação como elementos fundantes e garantidores da constitucionalidade. *Op. cit.* p. 32.
[289] CANOTILHO, José Joaquim Gomes. *Op. cit.* p. 887.

poder e de mecanismos que visem à estrita observância dessa correção, enquanto na primeira dimensão tratávamos da formação desse poder em seu momento constitutivo.[290]

Pereira explica que as duas funções democráticas (de legitimação e controle) interagem mutuamente, ainda que de maneira indireta, com as dimensões do controle (fundante e garantia); não obstante isso, a função democrática de legitimação se realiza sobretudo na dimensão fundante do controle, enquanto a função democrática de controle se realiza na dimensão controle-garantia.[291]

As dimensões expostas por Pereira, embora batizadas de maneira sutilmente distintas, parecem ser compartilhadas por Felipe Bley Folly, para quem "há um poder originário (*poder instituinte*), que busca constituir (*poder instituído-constituinte*) algo que surge para, paradoxalmente, restringi-lo".[292] De acordo com essa perspectiva do autor, há, portanto, "a tensão de um poder que constitui algo para, em seguida, autolimitar-se, mas também para tornar possível sua manifestação para além do agora".[293]

Em sua tese, Pereira sustenta sua coimplicação, o criar destruindo e o destruir criando, chegando ao ponto em que demonstrará que "a toda função negativa de limitação de poder corresponde necessariamente uma função positiva de promoção de certos ideais".[294]

É com esta divisão, aliás, que Rodolfo Viana Pereira se contrapõe às visões que tradicionalmente associaram o conceito de controle a um

---

[290] PEREIRA, Rodolfo Viana. *Direito Constitucional Democrático*: controle e participação como elementos fundantes e garantidores da constitucionalidade. *Op. cit.* p. 32.
[291] PEREIRA, Rodolfo Viana. *Direito Constitucional Democrático*: controle e participação como elementos fundantes e garantidores da constitucionalidade. *Op. cit.* p. 33. Assim explica Pereira: "De um lado, a regulação das condições habilitadoras de legitimação (processos eleitorais, institutos de democracia direta etc.) pressupõe um critério de correção no que se refere à adequação da formação da vontade política às normas reguladoras (procedimentos, exigências materiais etc.). Por outro lado, a correção da inércia ou do desvio do exercício do poder implica, por sua vez, o resgate da compatibilidade entre a manifestação do poder e a vontade de política soberana densificada na norma constitucional, produzindo, dessa maneira, algo como um retorno à legitimidade, um momento de relegitimação desse mesmo poder. Por outras palavras, tais funções democráticas realizam-se concomitantemente em ambas as dimensões do controle constitucional, variando apenas os níveis de intensidade e prioridade". PEREIRA, Rodolfo Viana. *Direito Constitucional Democrático*: controle e participação como elementos fundantes e garantidores da constitucionalidade. *Op. cit.* p. 33-34.
[292] FOLLY, Felipe Bley. Participação popular na Teoria Constitucional: concretização (e superação?) da Constituição. *In*: CLÈVE, Clèmerson Merlin (coord.). *Constituição, democracia e justiça*: aportes para um constitucionalismo igualitário. Belo Horizonte: Fórum, 2011. p. 225-239. p. 226.
[293] FOLLY, Felipe Bley. *Op. cit.* p. 226.
[294] PEREIRA, Rodolfo Viana. *Direito Constitucional Democrático*: controle e participação como elementos fundantes e garantidores da constitucionalidade. *Op. cit.* p. 31.

sentido semântico meramente negativo de frear, diminuir, castrar o poder. Para Pereira, o controle deve ser visto para além daquela função de estancar a atuação do poder, mas também em sua dimensão legitimadora – não apenas do momento em que ele é corrigido, mas também no momento em que é autorizado.[295]

Enxergar o controle como limitação ou legitimação, segundo Pereira, depende da concepção sobre a funcionalidade do controle. Em sua concepção liberalizante o controle é tido como meio de limitação de poder; em sua concepção socializante, no entanto, o controle visará a promoção do poder político instituído pela comunidade política.[296]

Com isso, Pereira busca demonstrar que controlar passa da dimensão do "limitar", pois promove aquela vontade que se manifestou no ato constituinte, de modo que a "decisão política fundamental", da qual nos fala Loewenstein, possa existir nos modos imaginados por aqueles que a manifestaram.[297] O autor nos ensina assim:

> No contexto aqui desenvolvido, controlar deve significar mais do que limitar. Controlar se confunde com o modo de ser da própria constitucionalidade, ou seja, com sua capacidade de impor um corte normativo nos demais sistemas sociais, controlando, assim, a possibilidade do ser e do vir-a-ser de uma determinada comunidade política. Não há como negar que sua semântica engloba também o princípio da limitação jurídica das distintas formas de poder, mas tal princípio ganha sua plenitude de sentido apenas enquanto associado à função prioritária da constituição: ser instrumento de realização do ideal de autodeterminação de certa comunidade ou, por expressão equivalente, ser instrumento de realização democrática.[298]

Em relação a essa dimensão (fundante), portanto, Pereira chega a dizer que a própria Constituição é, de certo modo, um sistema de controle, "já que criar uma ordem constitucional implica sempre controlar a possibilidade do ser e do vir-a-ser de uma determinada comunidade política".[299]

---

[295] PEREIRA, Rodolfo Viana. *Direito Constitucional Democrático*: controle e participação como elementos fundantes e garantidores da constitucionalidade. *Op. cit.* p. 36.
[296] PEREIRA, Rodolfo Viana. *Direito Constitucional Democrático*: controle e participação como elementos fundantes e garantidores da constitucionalidade. *Op. cit.* p. 31.
[297] PEREIRA, Rodolfo Viana. *Direito Constitucional Democrático*: controle e participação como elementos fundantes e garantidores da constitucionalidade. *Op. cit.* p. 37.
[298] PEREIRA, Rodolfo Viana. *Direito Constitucional Democrático*: controle e participação como elementos fundantes e garantidores da constitucionalidade. *Op. cit.* p. 57.
[299] PEREIRA, Rodolfo Viana. *Direito Constitucional Democrático*: controle e participação como elementos fundantes e garantidores da constitucionalidade. *Op. cit.* p. 37.

Já no tocante à dimensão garantia, o controle se reveste de um caráter técnico, instrumental, para assim performar seu intento, que é o de corrigir e conformar o exercício do poder. De fato, existem muitas técnicas e desenhos institucionais possíveis nas mais diversas experiências constitucionais que permitem o controle do poder.[300]

E o que seria esse controle? Ou melhor, quais seriam seus instrumentos e institutos? Não sem antes ressaltar a necessidade de mais estudos autônomos sobre o controle e de advertir a sua potencial relevância de aplicabilidade em processos de conformação da realidade política, o constitucionalista expõe institutos concretos e técnicas particulares de controle: separação de poderes, controle de constitucionalidade dos atos normativos, controle das contas públicas, fiscalização das eleições, combate ao monopólio em setores da economia e o *recall* são só alguns dos exemplos citados por Pereira.[301]

O que se deve ressaltar, dentre todas essas técnicas e ferramentas, é que existe um elemento de tecnicidade presente nos mais diversos desenhos constitucionais. Esses desenhos não são, necessariamente, como fazem crer as teorias clássicas e liberais, para conter o poder estatal, mas sim para conformá-lo ao desenho previsto na decisão política fundamental.[302]

O controle-garantia é, nesse passo, gravado no documento constitucional como regra a ser observada, com a função dupla de corrigir o poder e conformar seu exercício futuro aos princípios constitucionais. Ele mesmo é, aliás, princípio constitucional, configurando-se em "elemento inseparável do próprio conceito de constituição".[303]

Em lição valiosa, Pereira afirma a respeito do controle-garantia em sua forma dogmática:

> O controle dogmático é *princípio constitucional*, enfim, porque se apresenta essencialmente como um mecanismo de realização diferida da constitucionalidade. Ou melhor, é um mecanismo de realização constitucional de segunda ordem, pois, muito embora não atue na fundação dos pressupostos normativos de uma determinada comunidade, age,

---

[300] PEREIRA, Rodolfo Viana. *Direito Constitucional Democrático*: controle e participação como elementos fundantes e garantidores da constitucionalidade. *Op. cit.* p. 195.

[301] PEREIRA, Rodolfo Viana. *Direito Constitucional Democrático*: controle e participação como elementos fundantes e garantidores da constitucionalidade. *Op. cit.* p. 30, 235-236.

[302] PEREIRA, Rodolfo Viana. *Direito Constitucional Democrático*: controle e participação como elementos fundantes e garantidores da constitucionalidade. *Op. cit.* p. 196.

[303] PEREIRA, Rodolfo Viana. *Direito Constitucional Democrático*: controle e participação como elementos fundantes e garantidores da constitucionalidade. *Op. cit.* p. 202.

posteriormente, para garantir a observação desse momento fundacional no tempo. Como tal, integra o conjunto de pressupostos basilares de autoproteção e de auto-reprodução da ordem constitucional. Por esse motivo, termos como *estatalidade, limitação* e *responsividade governamental,* representam apenas parcialmente seu *locus,* seu *modus operandi* e sua *finalidade.* É na fecundidade e na complexidade da *constitucionalidade* que o controle-*garantia* encontra sua fonte original e seu patamar de referência.[304]

O objeto do controle-garantia, em suma, serão "as ações ou omissões praticadas por agentes públicos ou privados, afetas a interesses públicos que se encontram em dissonância com o marco constitucional",[305] seja através de poder abusivo, ineficiente, insuficiente ou ausente, tudo com a "finalidade central [de] garantir a adequação constitucional dos comportamentos comissivos ou omissivos a que se fez alusão".[306]

3.2 Processo eleitoral (de sistema proporcional) e reelegibilidade no Brasil: controle do poder político exercido na Câmara dos Deputados

Como esclarecemos, as funções democráticas de legitimação e controle estão intrinsecamente ligadas às dimensões fundante e garantia do controle. Para demonstrar como se dá a relação de interferências mútuas das funções democráticas nas dimensões do controle, Rodolfo Viana Pereira aponta o processo eleitoral como um dos principais exemplos, pelos seguintes motivos:

> Tal processo significa, na prática, um sistema de controle (controle das condições de realização da escolha popular dos cargos de representação), que funda a legitimidade do princípio representativo, perfazendo, com isso, a primeira função democrática. Contudo, como ressaltado

---

[304] PEREIRA, Rodolfo Viana. *Direito Constitucional Democrático*: controle e participação como elementos fundantes e garantidores da constitucionalidade. *Op. cit.* p. 204.

[305] PEREIRA, Rodolfo Viana. *Direito Constitucional Democrático*: controle e participação como elementos fundantes e garantidores da constitucionalidade. *Op. cit.* p. 205. Certo é que as ações abusivas são mais visíveis. De outro modo, explica Fávila Ribeiro, "a atitude omissiva na esfera do poder político configura ilicitude, aliás, bastante grave, pois se encontra a autoridade a descumprir um dever inerente ao seu ofício público, deixando inativada uma competência estatal relacionada a uma finalidade que deixará de ser atingida, não comportando, absolutamente, seja tratada como um direito pessoal que pudesse prescindir ou reginar". RIBEIRO, Fávila. *Abuso de poder no direito eleitoral. Op. cit.* p. 58.

[306] PEREIRA, Rodolfo Viana. *Direito Constitucional Democrático*: controle e participação como elementos fundantes e garantidores da constitucionalidade. *Op. cit.* p. 208.

por uma longa tradição liberal, o processo eleitoral pode ser visto, simultaneamente, como um meio de controle e de deslegitimação relativo ao uso do poder durante o lapso temporal que se encerra no dia do sufrágio. Indiretamente, a eleição serve, assim, como um mecanismo pelo qual se pode julgar, *a posteriori*, os acertos e erros no exercício do mandato, contribuindo tanto para a punição do uso pretérito inadequado do poder como para prevenção futura dos novos comportamentos políticos.[307]

Desse modo, pelo menos em teoria, o processo eleitoral é, em si mesmo, um mecanismo de controle de poder. Para Rodolfo Viana Pereira, muito embora a função democrática do processo eleitoral esteja mais diretamente ligada à dimensão garantia do controle, como adequação de exercício de poder, resgatar essa adequabilidade político-constitucional do uso desviante é necessariamente repor a legitimação original perdida.[308]

A eficácia do processo eleitoral como elemento de controle de poder político, tanto no âmbito jurídico quanto na ciência política, trabalha conceitos de responsabilidade e *accountability* vertical[309] a influenciar no comportamento do eleitor.

Tal qual Rodolfo Viana Pereira, Loewenstein acredita que com a possibilidade de uma nova eleição o eleitorado confirma, posteriormente, um programa político anteriormente escolhido; rechaçar aquela escolha primeira, no entanto, seria uma manifestação política

---

[307] PEREIRA, Rodolfo Viana. *Direito Constitucional Democrático*: controle e participação como elementos fundantes e garantidores da constitucionalidade. *Op. cit.* p. 34.

[308] PEREIRA, Rodolfo Viana. *Direito Constitucional Democrático*: controle e participação como elementos fundantes e garantidores da constitucionalidade. *Op. cit.* p. 34.

[309] Sabe-se que há quem diferencie responsabilidade, responsividade e *accountability* (vertical). No entanto, neste livro eles serão trabalhados como sinônimos, dada sua proximidade conceitual e similitude de aplicação. Assim, serão trabalhados como "poder que os eleitores têm de impor sanções aos governantes, reelegendo quem exerce bem o mandato – trata-se, portanto, de um mecanismo institucional, exercido pelo povo e vinculado à existência de eleições competitivas periódicas" (MIGUEL, Luis Felipe. *Accountability* em listas abertas. *Rev. Sociol. Polit.*, Curitiba, v. 18, n. 37, p. 183-200. p. 184). No mesmo sentido, para Polianna Pereira dos Santos, na *accountability* vertical "os eleitores têm em suas mãos o peso do voto e, por meio da avaliação das propostas, vida pregressa, exercício em cargos eletivos anteriores, ou qualquer que seja a razão, optam por votar ou não em determinado candidato ou partido. Nesse caso, a sanção que pode ser aplicada é o insucesso na eleição, ou a não reeleição, em vista, por exemplo, do não cumprimento de propostas ou da atuação dos representantes nos cargos eletivos correspondentes". SANTOS, Polianna Pereira dos. *Transparência do voto e a regulamentação legal do sistema proporcional brasileiro: accountability* vertical e qualidade da democracia. 2016. 345f. Dissertação (Mestrado em Direito) – Programa de Pós-Graduação em Direito, Universidade Federal de Minas Gerais, Minas Gerais. 2016. p. 37-38.

do eleitorado contrária às políticas exercidas durante o mandato.³¹⁰ Por isso, no que se refere ao processo eleitoral, a ideia de responsabilidade do político em relação ao seu eleitorado é tida por Loewenstein como meio mais eficaz de controle de poder.³¹¹

Esse entendimento é amplamente compartilhado pela corrente majoritária dos cientistas políticos que acreditam que a possibilidade de reeleição é meio eficaz para que o eleitor se manifeste positivamente aos mandatários que lhe agradam, e negativamente em relação aos mandatários que não lhe agradam.

Para Silva Júnior, "o eleitor vota retrospectivamente se pronunciando pela aprovação ou rejeição do deputado. Em tese, a reeleição serve como um instrumento de controle do representante".³¹²

Além da possibilidade de passar ao eleitor a responsabilidade de avaliar o mandato e permitir (ou não) ao mandatário a sua recondução ao cargo (ou seja, realizar a *accountability* vertical), alguns cientistas políticos creem na reelegibilidade como fenômeno que fomente uma maior qualificação do mandatário, como explicam Saul Cunow *et al*:

> Longas carreiras legislativas têm duas implicações importantes. Em primeiro lugar, à medida que as taxas de reeleição aumentam, as políticas gozam de líderes mais experientes e qualificados, pelo menos em teoria e, portanto, produzem uma política melhor. Em segundo lugar, e mais consequentemente, os legisladores serão mais capazes de negociar com outros ramos do governo quando criam instituições altamente profissionalizadas. [...] Por todas essas razões, muitos estudiosos apoiam altas taxas de reeleição para assegurar o desenvolvimento de um ramo legislativo competente e qualificado capaz de verificar a autoridade de fontes de poder concorrentes e produzir uma política de qualidade e representativa.³¹³

Sintetizando o que considera efeitos positivos da permissão da reeleição parlamentar, o cientista político alemão Dieter Nohlen

---

³¹⁰ LOEWENSTEIN, Karl. *Op. cit.* p. 327.
³¹¹ LOEWENSTEIN, Karl. *Op. cit.* p. 71.
³¹² SILVA JÚNIOR, José Alexandre da. *Op. cit.* p. 22.
³¹³ Original: "Long legislative careers have two important implications. First, as re-election rates increase, polities will enjoy more experienced and skilled leaders, at least in theory, and thus produce better policy. Second, and more consequentially, legislators will be better able to negotiate with other branches of government when they build highly professionalized institutions. [...] For all these reasons, many scholars support high re-election rates to ensure the development of a competent, skilled legislative branch capable of checking the authority of competing sources of power and producing quality and representative policy." (CUNOW, Saul *et al. Op. cit.* p. 534-535).

apresenta: a profissionalização da política, a efetividade do sufrágio democrático, a promoção da relação de confiança entre eleitor e eleito, o fomento à institucionalização partidária, o reforço ao parlamento e o aumento de "responsabilidade política (*'accountability'*)".[314]

Dieter Nohlen afirma que as ideias do povo são contraditórias, especialmente porque, muito embora não se goste que a política seja uma profissão, exige-se do político competência; analisa que não se quer que o político seja remunerado em valor correspondente à sua responsabilidade, mas também não se aceita que os políticos sejam todos provenientes de classes ricas e/ou sejam dependentes de interesses privados. Daí entende que a política não possa ser efêmera no tempo e leve no seu conteúdo, exigindo preparação, dedicação, especialização etc.[315]

O alemão afirma que o direito eleitoral democrático inclui tanto o direito de os cidadãos elegerem quem quiserem (sufrágio ativo) quanto o direito de tantos quantos quiserem se apresentar como candidatos (sufrágio passivo), de forma que a irreelegibilidade priva ambos os vieses. Ademais, ele acredita ser conveniente limitar o exercício do Poder Executivo, mas que não haja razão democrática da mesma limitação aos parlamentares.[316]

Ainda para Dieter Nohlen, a reelegibilidade incentiva a relação entre eleitor e eleito permitindo conhecimento e proximidade entre ambos. Ademais, com o tempo o eleitor poderia conhecer o deputado, observar seu comportamento e avaliar seu desempenho.[317]

A irreelegibilidade prejudica a institucionalização partidária, segundo o Dieter Nohlen, pois retira do lugar mais visível, mais intenso e mais profissional da atividade política uma pessoa adequada e experimentada para o seu exercício.[318]

Para o cientista político alemão, o parlamento ganha peso com a existência de deputados especializados, o que ocorreria com a sua profissionalização advinda da possibilidade de reeleição. A reelegibilidade parlamentar seria, assim, essencial para melhorar a relação de governabilidade e cooperação entre Poder Executivo e Legislativo.[319]

---

[314] NOHLEN, Dieter. *Instituciones políticas en su contexto:* las virtudes del método comparativo. Santa Fé: Rubinzal-Culzoni, 2007. p. 175-181.
[315] NOHLEN, Dieter. *Op. cit.* p. 175.
[316] NOHLEN, Dieter. *Op. cit.* p. 176-177.
[317] NOHLEN, Dieter. *Op. cit.* p. 177-178.
[318] NOHLEN, Dieter. *Op. cit.* p. 179.
[319] NOHLEN, Dieter. *Op. cit.* p. 180.

Finalizando, Diter Nohlen reforça a possibilidade da reelegibilidade como fenômeno de responsabilidade, *accountability*, uma vez que com a reeleição o eleitor pode premiar ou castigar, através do seu voto, o exercício dos parlamentares. Para ele, o eleitorado votaria nos representantes, que não poderiam ser responsabilizados pelos seus atos se irreelegíveis.[320]

Por essas razões, argumenta José Ramón López Rubí Calderón, a reeleição pode não ser a solução de vários problemas, mas pode ser um instrumento inteiramente democrático e altamente democratizante.[321]

Para Reinhold Zippelius "o mais importante ato de participação democrática direta é a eleição das representações populares". Não obstante isso, o autor faz importantes ressalvas, afirmando que as eleições apenas possuem a necessária "função de comando político-normativa" se oferecerem alternativas reais para a decisão, "incluindo, sobretudo, a possibilidade de substituir um governo atual, juntamente com seu programa político, por um outro".[322]

Os princípios constitucionais estruturantes do Direito Eleitoral, por isso, não se satisfazem com a mera ocorrência de eleições. Como trabalhado no segundo capítulo, é exigência democrática a defesa de um processo eleitoral cujos seus princípios constitucionais fundamentais sejam respeitados, sob pena da eleição não servir devidamente aos fins a que se destina. A problemática do abuso de poder no Direito Eleitoral, para Fávila Ribeiro, deve penetrar a fundo nas circunstâncias concretas da realidade para que o regime democrático participativo tenha escorreita base de sustentação, resistindo aos vícios que obstem ou maculem o caráter genuíno da participação do povo e, surpreendendo as tramas concretas das relações sociais (seja macrossociais ou microssociais), conter a todos através dos seus instrumentos de controle.[323]

Por isso, fazemos uma crítica à possibilidade de reeleição tal qual se dá no modelo atual, onde os detentores do poder político (não somente no Poder Executivo, mas, e com intensidade e práticas semelhantes, no Poder Legislativo, especialmente a Câmara dos Deputados) exercem seus mandatos prioritariamente pensando em sua eleição para o mandato seguinte.

---

[320] NOHLEN, Dieter. *Op. cit.* p. 180-181.
[321] CALDERÓN, José Ramón López Rubí. Reflexiones sobre el Poder Legislativo en el contexto del cambio político mexicano. *Revista del Instituto Electoral del Estado de México*, Apuntes Electorales, n. 18, p. 31-49, 2004. p. 40. Disponível em: http://aelectorales.ieem.org.mx/index.php/ae/article/view/503/482. Acesso em: 10 jun. 2017.
[322] ZIPPELIUS, Reinhold. *Op. cit.* p. 132.
[323] RIBEIRO, Fávila. *Abuso de poder no direito eleitoral. Op. cit.* p. 21-26.

Importante é o que nos faz lembrar Dieter Grimm:

> Onde a política se deixa aprisionar pelo benefício de curto prazo para a próxima eleição, os direitos fundamentais lembram-lhe suas diretrizes de objetivos e obrigações de longo prazo, superiores aos interesses partidários [aqui acrescentamos: e pessoais]. Onde a política cede à pressão de poderosos interesses ou tem preferência por sua clientela, os direitos fundamentais lembram o preceito da igualdade de tratamento.[324]

Como foi demonstrado no segundo capítulo, ao menos quatro dos princípios constitucionais estruturantes do Direito Eleitoral trabalhados por Eneida Desiree Salgado têm sido diretamente atingidos pelas práticas distributivistas de deputados federais visando sua reeleição; a preservação destes princípios se impõe. Esta é a leitura que se pretende fazer: não obstante não nos confundamos com a diferença entre os mandatos de chefes do Executivo e parlamentares, bem como a sua diferença de atuação,[325] precisamos lançar vistas aos reflexos do exercício do mandato parlamentar na higidez do processo eleitoral.

Nossa tentativa é de, como ressalta Rodolfo Viana Pereira, "fundar o discurso da constitucionalidade a partir do discurso da democracia",[326] pois a teoria do controle democrático deve encontrar sua legitimidade justificando seus métodos de ação através do critério democrático.[327]

No caso brasileiro, o posicionamento majoritário, especialmente dos juristas, é contrário à reeleição para a chefia do Poder Executivo em decorrência das suas influências (de abuso de poder político) no processo eleitoral. A irreelegibilidade dos chefes do Poder Executivo no Brasil era, até a emenda constitucional que possibilitou a reeleição, uma garantia republicana, quase um dogma que constituía uma das

---

[324] GRIMM, Dieter. *Constituição e política*. Belo Horizonte: Del Rey, 2006. p. 279.

[325] Em seu artigo "Hacia um Congreso profesional: la no reelección legislativa em México", Miguel Carbonell destaca a importância de não mesclar os estudos sobre irreelegibilidade do Chefe do Poder Executivo com os estudos sobre irreelegibilidade dos deputados federais e Senadores. A atuação distinta de ambos os poderes justifica, para ele, um estudo da irreelegibilidade como fenômeno apartado para o Poder Executivo e para o Poder Legislativo. CARBONELL, Miguel. *Hacia um Congreso profesional*: la no reelección legislativa em México. Disponível em: http://www.diputados.gob.mx/biblioteca/bibdig/camdip/congreso.pdf. Acesso em: 10 jun. 2017. p. 1.

[326] PEREIRA, Rodolfo Viana. *Direito Constitucional Democrático*: controle e participação como elementos fundantes e garantidores da constitucionalidade. *Op. cit.* p. 40.

[327] PEREIRA, Rodolfo Viana. *Direito Constitucional Democrático*: controle e participação como elementos fundantes e garantidores da constitucionalidade. *Op. cit.* p. 67.

escolhas constituintes fundamentais históricas do país.[328] No entanto, a discussão sobre a (ir)reelegibilidade de parlamentares ainda caminha a passos lentos, notadamente entre juristas, talvez porque, como sugere Francisco de Assis Sanseverino, as decisões parlamentares sejam coletivas.[329] As ponderações de Flores *et al.* convergem para as Francisco Sanseverino, pois acreditam que só no presidente da República há autoridade e força de poder em uma única pessoa que o exerce, o que não ocorreria na figura pessoal de um deputado, que, no legítimo exercício de suas funções, não possui capacidade legal, autoridade ou força política suficientes para criar dificuldades ao país que não possam ser resolvidas ainda no seio da Câmara.[330]

Há estudos jurídico-políticos significativos que, embora não versem diretamente sobre irreelegibilidade parlamentar, permitem uma nova visão sobre este instituto no Brasil. Esses estudos passam pela pedra angular dos argumentos que teoricamente sustentariam a reelegibilidade parlamentar como algo benéfico e apontam que: i) não está havendo, devidamente, *accountability* vertical por parte do eleitorado; ii) a profissionalização do parlamentar não é necessariamente benéfica ao sistema democrático; iii) a possibilidade de reeleição, ao contrário do que pensa Dieter Nohlen, tem fomentado práticas personalistas distantes de um ideal partidário, como demonstramos no primeiro capítulo e chamamos de abuso de poder no segundo capítulo – práticas em muito distantes do uso legítimo do poder sustentado por Flores *et al.* como requisito para a irreelegibilidade parlamentar.

Para Luis Felipe Miguel, o sistema eleitoral brasileiro de representação proporcional de lista aberta é um dos principais vilões da nossa democracia, por destruir a unidade dos partidos, personalizar a disputa política, tornar demasiado complicado o processo decisório por parte do eleitor e, principalmente, inviabilizar a *accountability* vertical.[331] Embora criticasse especificamente a formação das coligações, que, em sua visão, prejudicavam sobremaneira a *accountability* vertical, Polianna Pereira dos Santos também não acredita que ela esteja sendo

---

[328] SALGADO, Eneida Desiree. *Princípios constitucionais eleitorais. Op. cit.* p. 179.
[329] SANSEVERINO, Francisco de Assis Vieira. *O "uso da máquina pública" nas campanhas eleitorais:* condutas vedadas aos agentes públicos. Porto Alegre: Verbo Jurídico, 2008. p. 50.
[330] FLORES, Julia Isabel *et al. Reelección y democracia: cambios en los valores de la población.* Disponível em: https://revistas.juridicas.unam.mx/index.php/derecho-electoral/article/viewFile/9997/12025. Acesso em: 7 jun. 2017. p. 477.
[331] MIGUEL, Luis Felipe. *Op. cit.* p. 183.

devidamente praticada no caso brasileiro;[332] já que "mesmo o eleitor mais bem informado não consegue direcionar claramente o seu voto no âmbito do sistema proporcional brasileiro".[333]

Jairo Nicolau faz um importante estudo sobre o mito da responsabilização eleitoral dos Deputados no Brasil. O cientista político busca identificar o processo de responsabilização por dois vieses: 1 – do eleitor que vota na eleição seguinte premiando ou punindo o candidato que votou na eleição anterior (análise retrospectiva); 2 – do eleitor que avalia o exercício do mandato em curso do parlamentar (independentemente de ter nele votado anteriormente) e o premia ou pune a partir da sua avaliação.[334] Em ambos os casos a conclusão de Jairo Nicolau foi que é reduzida a capacidade de controle eleitoral dos representantes no Brasil.[335]

---

[332] SANTOS, Polianna Pereira dos. *Op. cit.* p. 166.

[333] SANTOS, Polianna Pereira dos. *Op. cit.* p. 191.

[334] "Vale a pena explorar em que medida o sistema representativo brasileiro oferece aos eleitores mecanismos claros para controlar eleitoralmente os seus representantes. Uma primeira versão de voto retrospectivo pressupõe três passos: 1) que o eleitor se lembre em quem votou; 2) que o candidato seja eleito; 3) que o eleitor acompanhe a atividade do representante. A ausência de pesquisas sobre o contingente de eleitores que acompanham a atuação dos deputados federais no Brasil impede que se possa fazer qualquer avaliação do terceiro passo. Mas temos algumas evidências para avaliar os outros dois aspectos. O Estudo Eleitoral Brasileiro – Eseb, realizado em 2002, fez uma série de perguntas sobre a memória do eleitor. Perguntados se lembravam em quem haviam votado para deputado federal na eleição anterior (1998), 67% disseram que não se lembravam, e apenas 15% apontaram um nome de um candidato que de fato concorreu naquele ano (ver Tabela 5). Se retirarmos da listagem de candidatos lembrados aqueles que se elegeram, esse número ficaria ainda mais reduzido. Portanto, podemos dizer que o uso do voto retrospectivo nas eleições para a Câmara dos Deputados (em 2002) foi completamente marginal. [...] Alternativamente, é possível pensar uma modalidade de voto retrospectivo que desconsiderasse a memória do voto na eleição antecedente. Nesse caso, o eleitor poderia simplesmente decidir votar em um deputado que tenha chamado a sua atenção positivamente durante a legislatura ou simplesmente eliminar das suas escolhas os nomes que possam ter se destacado negativamente. Nessa opção, o eleitor não precisaria lembrar em quem votou, mas conhecer um deputado em atividade. Aqui também os resultados do Eseb podem ajudar. Os eleitores foram perguntados se conheciam algum deputado federal do estado. Ainda que a pesquisa tenha sido realizada logo após a campanha (com alta exposição dos deputados), 59% não se lembravam ou não souberam responder; 16% apresentaram nomes incorretos e inexistentes; apenas 24% apresentaram o nome correto de algum deputado federal do estado. Mesmo com a opção (implausível) de que todos os eleitores que sabem o nome de um deputado tenham votado retrospectivamente, o contingente ainda seria reduzido. Os dados do Eseb sugerem que um número reduzido de eleitores tem condições de fazer uma avaliação retrospectiva da atuação do mandato de um deputado." NICOLAU, Jairo. O sistema eleitoral de lista aberta no Brasil. *Dados*, Rio de Janeiro, v. 49, n. 4, p. 689-720, 2006. Disponível em: http://www.scielo.br/pdf/dados/v49n4/02.pdf. Acesso em: 3 jun. 2017. p. 710-711.

[335] NICOLAU, Jairo. *O sistema eleitoral de lista aberta no Brasil. Op. cit.* p. 713.

Já para Pereira e Rennó, a citada *accountability* até existe. "Contudo, essa *accountability* tem o seu âmbito reduzido aos problemas de distribuição de benefícios práticos para localizações geográficas específicas"[336] e fomentar esse tipo de responsabilização (setorial, regional) nos parece ser fomentar as desigualdades nacionais, além de desconsiderar a agressão aos princípios constitucionais que abordamos no segundo capítulo.

Essas práticas clientelistas seriam, como buscamos demonstrar no primeiro capítulo, o que Fávila Ribeiro chamou de "tentaculares domínios" do abuso de poder que levam o homem a novos tipos de servidão.[337] Como já dito, o desejo de poder é inerente ao homem. É natural, portanto, que após experimentá-lo, o homem tenda a querer mais, ainda que para isso passe a se envolver em relacionamentos conflituosos estimulados pelo seu irrefreável desejo; esses desejos de poder também "são transplantados para o artefato estatal, que passa a reproduzir as disposições dos que se apropriaram dos seus centros de dominação, expandindo ininterruptamente seus desejos incontidos".[338] Segundo o autor, o caráter temporário dos mandatos faz com que os representantes, em um momento ou outro, sempre voltem aos representados; quando se aproxima do momento eleitoral, curvando-se a imperativos utilitaristas dos detentores do poder, a própria engrenagem estatal participa do processo eleitoral, com a oferta de "fátuos e fortuitos afagos" aos eleitores, como favores eleitorais acumulados para as vésperas dos pleitos.[339]

Cristian Klein batizou como "*accountability* do mal" essa dualidade distributivismo (clientelismo)-prêmio eleitoral. O cientista político explica que "o voto pessoal cultivado em torno do comportamento particularista, clientelista, leva a uma espécie de '*accountability* do mal'. Críticos da lista aberta costumam afirmar que o modelo é altamente propenso a práticas clientelistas".[340]

Talvez reticente a esse *accountability* do mal, Rafael Oyarte critica os argumentos relacionados ao processo de responsabilização eleitoral como estímulo ao bom governo. Para ele, em razões que já nos parecem suficientes, "há que se sustentar que um estadista não necessita de

---

[336] PEREIRA, Carlos; RENNO, Lucio. *O que é que o reeleito tem? Dinâmicas político-institucionais locais e nacionais nas eleições de 1998 para a Câmara dos Deputados*. Op. cit.
[337] RIBEIRO, Fávila. *Abuso de poder no direito eleitoral*. Op. cit. p. 17.
[338] RIBEIRO, Fávila. *Abuso de poder no direito eleitoral*. Op. cit. p. 9.
[339] RIBEIRO, Fávila. *Abuso de poder no direito eleitoral*. Op. cit. p. 59-60.
[340] KLEIN, Cristian. Op. cit. p. 84.

prêmios para cumprir seu dever e o mandato conferido pelos cidadãos",³⁴¹ arrematando que, "se há um mandatário pensando na existência ou não do prêmio da reeleição, há um grave problema: essa pessoa não governa pensando no futuro do país, mas sim na próxima eleição e, portanto, nunca tomará decisões que tenham custo político".³⁴²

Ana Cláudia Santano também é contrária ao argumento que iguala a reelegibilidade a prêmio, pois, segundo a autora, defendendo-o "não só se está distorcendo o que vem a ser um prêmio para o bom governante – a manutenção do poder em detrimento da realização do comum confirmado nas urnas – mas também se fomenta um comportamento racional-econômico",³⁴³ que não nos parece democrático.

Saul Cunow *et al.* concluem que o caso brasileiro não segue a regra segundo a qual a profissionalização da carreira parlamentar traria benefícios para o Poder Legislativo. Para Saul Cunow *et al.* os "legisladores brasileiros que perseguiam carreiras legislativas eram mais propensos a delegar poder ao Poder Executivo e enfraquecer a legislatura do que aqueles que não pretendiam permanecer na legislatura".³⁴⁴ A conclusão de Saul Cunow *et al.* comunga com as práticas distributivistas apresentadas no primeiro capítulo e que, em seu âmago, atingem negativamente o processo eleitoral brasileiro.

Para Saul Cunow *et al.*, os deputados que não buscavam a reeleição possuíam mais liberdade para o exercício dos seus respectivos mandatos, uma vez que não estavam sujeitos a eventuais negociatas com a Presidência da República; essa desvinculação do parlamentar para com um mandato futuro no caso seria fator essencial para aquele (parlamentar) agir em função da sua própria consciência.³⁴⁵

Além da *accountability* vertical não se apresentar como realidade no caso brasileiro e da profissionalização de deputados federais não estar servindo para fortalecer o próprio Poder Legislativo, Ana Cláudia Santano denuncia outras práticas que atingem o cerne da disputa política para o parlamento:

---

[341] OYARTE, Rafael. Reeleição presidencial no Equador. *In*: SANTANO, Ana Cláudia (coord.). *Reeleição presidencial nos sistemas políticos das Américas*. Curitiba: Íthala, 2015. p. 129-146. p. 146.
[342] OYARTE, Rafael. *Op. cit.* p. 146.
[343] SANTANO, Ana Cláudia. Conclusões. *In*: SANTANO, Ana Cláudia (coord.). *Reeleição presidencial nos sistemas políticos das Américas*. Curitiba: Íthala, 2015. p. 431-438. p. 436.
[344] Original: "Brazilian legislators pursuing legislative careers were more likely than those not intending to remain in the legislature to delegate power to the executive branch and to weaken the legislature" (CUNOW, Saul *et al. Op. cit.* p. 548).
[345] CUNOW, Saul *et al. Op. cit.* p. 549.

Já no legislativo, a figura do político-profissional é possibilitada, também, pela reeleição, ou seja, ao invés de ser um representante do povo, o parlamentar considera o exercício do seu cargo um emprego, dissociando a realização do interesse público do dia a dia das suas funções. Isto gera uma percepção de que o político, como é o seu trabalho e o seu "chefe" é o Estado, não deve prestar contas, a não ser para conseguir se manter no cargo. As campanhas eleitorais proporcionais no Brasil são um exemplo disto, uma vez que a apresentação do nome e do número do candidato durante o horário eleitoral gratuito nos meios de comunicação substitui a apresentação de propostas ou de uma agenda política concreta. Não é por acaso que grande parte do eleitoral brasileiro não se lembra em quem votou, e que nas casas legislativas ainda residam as elites do Legislativo de décadas atrás, acompanhados de seus filhos, netos ou alguém da família.[346]

Na visão de Ana Cláudia Santano, portanto, a prestação de contas no nosso processo eleitoral proporcional é fantasiosa e, em verdade, o mandatário não a faz da maneira democraticamente exigida. Ademais, ao acrescentar que o eleitor sequer lembra em quem votou, entendemos significar, em outras palavras, que o processo de responsabilização (*accountability*) fica completamente comprometido – como o eleitor estaria fazendo o juízo de valor sobre a responsabilização de um candidato quando ele sequer lembra em quem votou na eleição anterior? Nas palavras da autora, um processo eleitoral maculado por esses vícios possui aparência democrática, mas verdadeiramente não o é.[347]

Como leciona Rodolfo Viana Pereira, não há sentido no controle se o seu destinatário não está forçado à responsabilização, à legítima prestação de contas, bem como se seus comportamentos abusivos não são devidamente sancionados.[348] A renovação da confiança (responsabilização e/ou *accountability*) só é mecanismo de constrição de exercício de determinado mandato se carregada de elementos capazes de permitir que o eleitor a exerça da maneira adequada;[349] a ausência de elementos ideais de informações pelo eleitor fragiliza sobremaneira a responsabilização, inviabilizando a sua defesa como mecanismo capaz de fomentar o processo eleitoral democrático.

---

[346] SANTANO, Ana Cláudia. *Op. cit.* p. 437.
[347] SANTANO, Ana Cláudia. *Op. cit.* p. 436.
[348] Boetticher *apud* PEREIRA, Rodolfo Viana. *Direito Constitucional Democrático*: controle e participação como elementos fundantes e garantidores da constitucionalidade. *Op. cit.* p. 215.
[349] SALGADO, Eneida Desiree. *Princípios constitucionais eleitorais. Op. cit.* p. 88.

Embora não possamos desconsiderar os argumentos favoráveis à reelegibilidade, inclusive pelo seu apelo democrático, também não podemos olvidar, tal qual enunciado por Fávila Ribeiro, que "tudo se há que fazer ajustado às características da sociedade, enfrentando as suas aspirações, os seus dilemas e conflitos, tendo, por vezes, de desvencilhar-se de dogmas, utopias e devaneios imaginativos", sendo esta a moderna aptidão do Direito Constitucional.[350] O autor aduz que há certas liberdades que não passam de "ficção jurídica" e que, se continuarem espontaneamente realizadas, "mais agudas se tornariam as diferenças, mencionando-se como direitos comuns a todos, e na realidade somente segmentos privilegiados deles desfrutam regalada e abusivamente, sob os estímulos de postulados éticos utilitaristas".[351] Entendemos que igualdade na disputa ao Poder Legislativo, nos moldes do que se tem hoje no Brasil, é mais uma dessas "ficções jurídicas" denunciadas por Fávila Ribeiro.

Desse modo, por qualquer que seja o motivo, feridos os princípios constitucionais estruturantes do Direito Eleitoral, prejudicada a *accountability* vertical e havendo mais malefícios que benefícios na profissionalização dos políticos brasileiros, impõem-se o conceito de república, tida como a prevalência do bem comum face os impulsos dos interesses privados.[352] Sugerimos, então, limitar a reeleição parlamentar, o que, diretamente, é também defesa dos princípios constitucionais estruturantes eleitorais.

3.2.1 A irreelegibilidade (parlamentar) como mecanismo de controle-garantia

Em sua dimensão garantia, o controle é carregado de tecnicidade; são os institutos concretos, ferramentas técnico-jurídicas, de argumento democrático cuja finalidade é salvaguardar princípios, normas, interesses e valores constitucionais da atividade controlada.[353] Como o controle-garantia também visa o cumprimento da ordem constitucional e acaba sendo, ainda que indiretamente, meio de (re)legitimação do poder, Pereira ressalta que "a preocupação pragmática em delimitar o

---

[350] RIBEIRO, Fávila. *Abuso de poder no direito eleitoral*. Op. cit. p. 4.
[351] RIBEIRO, Fávila. *Abuso de poder no direito eleitoral*. Op. cit. p. 8.
[352] SANTANO, Ana Cláudia. *Op. cit.* p. 433.
[353] PEREIRA, Rodolfo Viana. *Direito Constitucional Democrático*: controle e participação como elementos fundantes e garantidores da constitucionalidade. *Op. cit.* p. 196-198.

dever ser do controle em sua tecnicidade não deve ser preterida pela doutrina constitucional em favor de uma abordagem exclusivamente teorética".[354]

A título de exemplo, o *recall*[355] seria um desses instrumentos de controle de poder, uma vez que pretende "através de controle político o retorno a uma situação de compatibilidade representativa, ou seja, de aproximação do agente político e do eleitor, prejudicada em função de uma atuação parlamentar, governamental ou administrativa irregular".[356]

Comungando o processo eleitoral e o *recall* como instrumentos de controle de poder político expostos por Rodolfo Viana Pereira, também enxergamos na irreelegibilidade um mecanismo de controle de poder político.

Nas palavras de Adriano Soares da Costa, "a reelegibilidade é a elegibilidade para o mesmo cargo, por um período subsequente"; "reelegível é o nacional registrado para concorrer novamente ao exercício do mesmo cargo para o qual havia sido eleito". A irreelegibilidade é, portanto, a impossibilidade de uma candidatura subsequente; uma limitação de elegibilidade.[357]

Pois bem. Muito embora seja necessário destacar que não encontramos na obra de Pereira nenhuma alusão diretamente relacionada à irreelegibilidade (razão pela qual não se pode afirmar que o referido autor concorde conosco sobre irreelegibilidade), esta não deixa de ser "instituto, técnica e mecanismo dogmático de controle" que visa promover compatibilização constitucional de comportamento político tendente ao abuso.[358] Para Eneida Desiree Salgado, inclusive, a introdução da reelegibilidade dos chefes do Poder Executivo no Brasil caminha de encontro ao controle do uso do poder político.[359]

---

[354] PEREIRA, Rodolfo Viana. PEREIRA, Rodolfo Viana. *Direito Constitucional Democrático:* controle e participação como elementos fundantes e garantidores da constitucionalidade. *Op. cit.* p. 200.

[355] Paulo Bonavides disserta que o *recall* é um dos direitos de revogação do mandato (o outro seria o *Abberufungsrecht*), ou seja, uma forma de ação efetiva do povo sobre as autoridades que permite colocar fim ao mandato eletivo antes da expiração do prazo legal. A diferença entre *recall* e *Abberufungsrecht* é que naquele a revogação de mandato é individual enquanto neste é coletiva. BONAVIDES, Paulo. *Ciência política. Op. cit.* p. 293.

[356] PEREIRA, Rodolfo Viana. *Direito Constitucional Democrático*: controle e participação como elementos fundantes e garantidores da constitucionalidade. *Op. cit.* p. 207.

[357] COSTA, Adriano Soares da. *Op. cit.* p. 149-151.

[358] PEREIRA, Rodolfo Viana. *Direito Constitucional Democrático*: controle e participação como elementos fundantes e garantidores da constitucionalidade. *Op. cit.* p. 208.

[359] SALGADO, Eneida Desiree; BERNARDELLI, Paula. A adoção da reeleição para o Poder Executivo no Brasil e suas incoerências com o sistema constitucional e eleitoral. *In*:

Entendemos que a introdução da cláusula de irreelegibilidade parlamentar no caso brasileiro serviria, então, como elemento de controle-garantia de poder com o objetivo, mais uma vez usando das palavras de Pereira, de compensar falhas nas atividades correlatas à gestão de interesses públicos.[360]

Daí inferimos que, se for verdade que nos casos do chefe do Poder Executivo a possibilidade de reeleição é ainda mais grave,[361] não é menos verdade que há também uma inconsistência democrática ao permiti-la aos membros do Poder Legislativo, até porque, também no caso dos parlamentares, há a dificuldade exposta pela doutrina de traçar limites da utilização do poder público para fins de promoção pessoal. A ocupação de cargos públicos, e aqui não importa qual seja ele (se no Executivo ou no Legislativo), não pode ser fator determinante para vitórias eleitorais,[362] como demonstramos estar sendo no Brasil.

É válido destacar que, conforme explica Eneida Salgado, Benjamin Constant é um forte opositor da limitação da reeleição de membros do parlamento. Em Constant *apud* Eneida Salgado, excluir de maneira forçada os representantes do povo é tanto contrário à liberdade quanto favorável à desordem.[363] Em sentido contrário, no entanto, e em sintonia com o criar destruindo e destruir criando de Rodolfo Viana Pereira, Alejandro Pérez Hualde esclarece que a irreelegibilidade do mandatário não deve ser observada como fenômeno limitador de seus direitos, mas sim de busca pela garantia dos direitos dos demais concidadãos. Alejandro Pérez Hualde rechaça quem, sustentando-se em direitos elencados em tratados internacionais, defende haver direito fundamental à (re)elegibilidade:[364]

SANTANO, Ana Cláudia (coord.). *Reeleição presidencial nos sistemas políticos das Américas*. Curitiba: Íthala, 2015. p. 97-111. p. 103.

[360] PEREIRA, Rodolfo Viana. *Direito Constitucional Democrático*: controle e participação como elementos fundantes e garantidores da constitucionalidade. Op. cit. p. 209.

[361] SALGADO, Eneida Desiree; BERNARDELLI, Paula. Op. cit. p. 104.

[362] SALGADO, Eneida Desiree; BERNARDELLI, Paula. Op. cit. p. 104.

[363] Constant *apud* Salgado. SALGADO, Eneida Desiree. *Princípios constitucionais eleitorais*. Op. cit. p. 183.

[364] Como o Pacto Internacional dos Direitos Civis e Políticos, que estabelece no art. 25, c), que "Todos os cidadãos gozarão, sem qualquer das distinções mencionadas no artigo 2.º, e sem restrições indevidas, dos seguintes direitos e oportunidades: [...] c) ter acesso, em condições gerais de igualdade, às funções públicas do seu país."; e o Pacto de San José da Costa Rica, que estabelece, no art. 23, que "1. Todos os cidadãos devem gozar dos seguintes direitos e oportunidades: [...] c. de ter acesso, em condições gerais de igualdade, às funções públicas de seu país." e "2. A lei pode regular o exercício dos direitos e oportunidades a que se refere o inciso anterior, exclusivamente por motivos de idade, nacionalidade, residência, idioma, instrução, capacidade civil ou mental, ou condenação, por juiz competente, em processo penal".

Não se compartilha dessa argumentação falha; as normas que limitam a reeleição não são necessariamente lesivas aos princípios constitucionais. Muito pelo contrário, o que buscam tais normas, é preservar o princípio republicano de governo, de caráter fundamental estabelecido pela nossa Constituição (art. 1 Constituição Nacional).

[...]

Considera-se que o fundamento normativo convencional invocado é errado devido ao seu desvio, pois surge com evidência que nenhum de ambos os preceitos estabelece uma incompatibilidade com normas que limitem a reeleição ou a "re-reeleição" de quem já teve oportunidade de ser eleito e exercer os cargos em uma ou duas – ou mais – oportunidades anteriores. Pois cabe a interpretação de que, precisamente, essa limitação é que possibilita que outros integrantes do espectro eleitoral possam acessar a essas candidaturas de modo efetivo. O fundamento de igualdade material permanece incólume.

E sustenta-se que é desviado porque faz um enfoque estritamente individual, desde as aspirações pessoais do candidato – já funcionário –, e esquece o outro aspecto que é o do conjunto da comunidade e do seu direito a fixar, constitucionalmente, limitações a esse direito em função das legítimas aspirações dos outros membros da sociedade que pretendem ter, também, a oportunidade e que estas se produzam em condições de igualdade.[365]

Óscar Sánchez Muñoz reforça esse discurso quando afirma que a liberdade de campanha eleitoral entendida em termos absolutos pode se converter em prejuízo à igualdade de oportunidades. Por isso, nas sociedades contemporâneas, onde a alta influência sobre os eleitores vem do próprio poder público (e do econômico e das mídias), o Direito Eleitoral não pode se basear numa concepção ideal de corpo eleitoral de cidadãos completamente livres, responsáveis e informados, como se pensava no Estado liberal; deve, assim, partir da realidade de que o eleitor é altamente influenciável e manipulável para, então, restringir abusos do processo de escolha política.[366]

Como ressalta Paulo Bonavides, os "direitos fundamentais não mudaram, mas se enriqueceram de uma dimensão nova e adicional com a introdução dos direitos sociais básicos". Assim, para o autor, a igualdade não revoga a liberdade e a liberdade sem igualdade é valor vulnerável. Isso ocorre em razão da "passagem da liberdade jurídica

---

[365] HUALDE, Alejandro Pérez. Reeleição na democracia argentina. *In*: SANTANO, Ana Cláudia (coord.). *Reeleição presidencial nos sistemas políticos das Américas*. Curitiba: Íthala, 2015. p. 19-46. p. 33.
[366] MUÑOZ, Óscar Sánchez. *Op. cit.* p. 356.

para a liberdade real, do mesmo modo que a igualdade abstrata se intenta passar para a igualdade fática".[367]

Assim, o princípio da igualdade de oportunidades aparece em duas dimensões distintas. A primeira delas, negativa, visa proibir que os competidores obtenham vantagens abusivas advindas das situações fáticas de superioridade. Mas tal qual o controle do poder, a dimensão negativa visa, sobretudo, garantir a positiva, que exige dos poderes públicos a otimização da competição eleitoral, através de prestações públicas que permitiriam os competidores ascenderem à disputa de maneira equitativa. A dimensão negativa, portanto, é justificada e homenageia a dimensão positiva, quando se presta, para além de liminar, a garantir a liberdade dos eleitores face às influências abusivas no processo eleitoral.[368]

Reinhold Zippelius ressalta a importante distinção entre liberdade liberal e liberdade democrática, sendo a primeira uma proteção do campo privado da ingerência estatal para obtenção de desenvolvimento pessoal irrestrito e a segunda uma liberdade que busca e fomenta a participação efetiva dos cidadãos na formação da vontade política do Estado. Ainda em atenção à liberdade democrática, Reinhold Zippelius explica a necessidade "de uma delimitação das liberdades entre os próprios indivíduos, pois em comunidade a liberdade de uns é sempre sacrificada em nome das liberdades de todos", já que "o livre desenvolvimento da personalidade encontra uma limitação particularmente nos direitos de outras pessoas".[369]

A irreelegibilidade é, para muito além de uma atividade de contenção de poder político e limitação da liberdade individual de candidatura, a salvaguarda da normatividade constitucional que promove, franqueia eficiência, e ajusta o poder face a imperativos positivos, otimizando-o, tal como exige a nova visão do controle do poder exposta por Rodolfo Viana Pereira.[370]

As democracias representativas têm nas eleições dos mandatários um dos primeiros testes de legitimidade, mas com elas não se satisfazem, pois não só a origem do poder (eleição), mas também o seu exercício é critério de legitimação. "Esse segundo teste de

---

[367] BONAVIDES, Paulo. *Curso de direito constitucional*. Op. cit. p. 378.
[368] MUÑOZ, Óscar Sánchez. Op. cit. p. 353-355.
[369] ZIPPELIUS, Reinhold. Op. cit. p. 126-128.
[370] PEREIRA, Rodolfo Viana. *Direito Constitucional Democrático*: controle e participação como elementos fundantes e garantidores da constitucionalidade. Op. cit. p. 216-227.

legitimidade – referente não mais ao momento constitutivo, mas ao momento performático – só pode ser suprido se o exercício dessas ações delegadas for adequado aos requisitos constitucionais".[371] E por isso Pereira justifica a necessidade de criação de instrumentos, técnicas e ferramentas de controle para prover obstáculos ao uso desvirtuado da autoridade,[372] o que, em última instância, irá conferir a legitimação cíclica e constante do seu exercício.

A função controladora deve, por um lado, fomentar a gestão participativa, arejando e fortalecendo o círculo tradicional e oficial a que estava acostumada com a agregação de novos agentes, bem como ressaltar as potencialidades do controle como vetor de democratização, através de estímulos ao fortalecimento da vivência democrática por suscitarem maiores níveis de interesse e participação nos assuntos públicos.[373] A irreelegibilidade parlamentar parece atender a ambos os requisitos e, desta forma, apresenta-se como uma restrição de direito proporcional à sua finalidade democrática (neste ponto não se diferindo da irreelegibilidade dos chefes do Poder Executivo), pois "quanto maior for ou for feito um perigo [influências pouco democráticas, indesejáveis, no processo eleitoral], tanto mais legítimas parecem até mesmo as sensíveis intervenções à liberdade".[374]

3.2.2 O caso mexicano

A irreelegibilidade é um instituto relevante na história política mexicana, tendo sido fundamento de revoluções e golpes de Estado. Como consequências das experiências políticas ali vivenciadas, "no imaginário político mexicano, a reeleição se vincula a um regime ditatorial e não com a democracia".[375]

Como explica Jorge Fernández Ruiz, a irreelegibilidade imediata prevista na primeira Constituição republicana do México, a de 1824, caiu por terra na Constituição de 1836, que possibilitava a reeleição imediata e indefinida ao titular do Poder Executivo, e, tacitamente, na

---

[371] PEREIRA, Rodolfo Viana. *Direito Constitucional Democrático*: controle e participação como elementos fundantes e garantidores da constitucionalidade. *Op. cit.* p. 243-244.
[372] PEREIRA, Rodolfo Viana. *Direito Constitucional Democrático*: controle e participação como elementos fundantes e garantidores da constitucionalidade. *Op. cit.* p. 245.
[373] PEREIRA, Rodolfo Viana. *Direito Constitucional Democrático*: controle e participação como elementos fundantes e garantidores da constitucionalidade. *Op. cit.* p. 247.
[374] GRIMM, Dieter. *Op. cit.* p. 88.
[375] FLORES, Julia Isabel *et al. Op. cit.* p. 469.

Constituição de 1857, que não trouxe como causa de inelegibilidade para o cargo a sua ocupação anterior.[376]

Em 1871 o então presidente da República, Benito Juárez, recandidata-se para o cargo, o que levou o general Porfirio Díaz Mory a organizar um movimento armado sustentado na defesa da irreelegibilidade, cujo documento principal era o Plano de Noria, que estabelecia que "a reeleição indefinida, forçosa e violenta, do Executivo Federal, põe em perigo as instituições nacionais". Porfirio Díaz, no entanto, foi derrotado por Benito Juárez.[377]

Cinco anos depois, em 1876, o general Porfirio Díaz alcança a chefia do Executivo mexicano, já sob a égide do Plano de Tuxtepec (que dava à irreelegibilidade o caráter de lei suprema), após se insurgir contra a reeleição do então presidente, Sebastián Lerdo de Tejada.[378]

No entanto, Porfirio Díaz imprimiu el profiriato (período entendido como sua permanência no Poder Executivo mexicano) por longos trinta e quatro anos, cinco meses e vinte e setes dias, entre 28 de novembro de 1876 e 25 de maio de 1911. A presença de Porfirio Díaz na chefia do Executivo nacional só foi interrompida nesse período entre 6 de dezembro de 1876 e 17 de fevereiro de 1877 e 1º de dezembro de 1880 e 30 de novembro de 1884, quando governaram, respectivamente, Juan N. Méndez e Manuel González, ambos representantes e apoiadores de Porfirio Díaz. Segundo Jorge Fernández Ruiz, trata-se de "mais de um terço de século, durante o qual o antigo opositor à reeleição se reelegeu sete vezes".[379]

Naquele momento, a reeleição não era apenas de Porfirio Díaz, mas "múltiplas reeleições de Governadores de Estado, de Senadores, de Deputados e Prefeitos". As políticas proferidas por el porfiriato se estendiam ao Congresso da União, onde muitas cadeiras de senadores e deputados "deram a impressão de haver sido reservadas para sempre a alguns de seus membros".[380]

---

[376] RUIZ, Jorge Fernández. Reeleição dos legisladores no México. In: SANTANO, Ana Cláudia (coord.). Reeleição presidencial nos sistemas políticos das Américas. Curitiba: Íthala, 2015. p. 393-406. p. 394.
[377] Original: "La reelección indefinida, forzosa y violenta, del Ejecutivo Federal, ha puesto en peligro las instituciones nacionales" RUIZ, Jorge Fernández. Reeleição dos legisladores no México. Op. cit. p. 394.
[378] RUIZ, Jorge Fernández. Reeleição dos legisladores no México. Op. cit. p. 394.
[379] RUIZ, Jorge Fernández. Reeleição dos legisladores no México. Op. cit. p. 394.
[380] RUIZ, Jorge Fernández. Reeleição dos legisladores no México. Op. cit. p. 395.

A irreelegibilidade foi, então, um dos principais fundamentos do movimento revolucionário (que resultou em um milhão de mortos[381]) pelo qual passou o país entre os anos de 1910-1917, cuja bandeira era "sufrágio eletivo e não reeleição",[382] e foi introduzida, já em patamar constitucional, na Constituição de 1917, até agora vigente,[383] e é atualmente um dos princípios jurídico-políticos de maior relevo no México.[384]

A limitação a qualquer possibilidade de reeleição para o mesmo cargo veio de forma expressa ao mandato de presidente da República na Constituição de 1917, em seu art. 83. Em 1927, contudo, o referido dispositivo foi alterado para permitir que um cidadão mexicano que já tivesse ocupado o cargo de presidente pudesse novamente ocupá-lo, apenas uma vez mais, de forma não consecutiva. Logo em 1928 a Constituição Mexicana foi novamente alterada, retornando à previsão original de irreelegibilidade absoluta e definitiva para a presidência daquele que já tivesse ocupado por um mandato.[385] A irreelegibilidade absoluta para a presidência mexicana permaneceu, desde então, inalterada, resistindo às reformas constitucionais que alteraram o art. 83 nos anos de 1933, 2012 e 2014, sendo, por isso, considerada princípio jurídico-político fundamental próprio da evolução política mexicana.[386]

De forma diversa, em relação aos parlamentares não havia impedimento à reeleição (o que indicava a sua possibilidade) até a reforma constitucional em 1933, que introduziu a irreelegibilidade imediata também para senadores e deputados federais.[387] Assim passou a viger o art. 59 da Constituição mexicana a partir da reforma constitucional em 1933:

> Art. 59 Os senadores e deputados ao Congresso da União não poderão ser reeleitos para o período imediato. Os senadores e deputados suplentes poderão ser reeleitos para o período imediato com caráter de titulares sempre que não houverem o exercido; mas os senadores e deputados titulares não poderão ser reeleitos para o período imediato com o caráter de suplentes.[388]

---

[381] RUIZ, Jorge Fernández. *Reeleição dos legisladores no México. Op. cit.* p. 393. Para mais informações acerca da história política mexicana: MEYER, Lorenzo. La Revolución Mexicana y sus elecciones presidenciales, 1911-1940. *In*: GONZÁLEZ CASANOVA, Pablo (coord.). *Las elecciones en México:* evolución y perspectivas. México: Siglo XXI, 1985. p. 69-99.
[382] (Original: "Sufragio efectivo e no reelección").
[383] FLORES, Julia Isabel *et al. Op. cit.* p. 469.
[384] GONZÁLEZ, Juan Carlos Muciño. *Op. cit.* p. 21.
[385] FLORES, Julia Isabel *et al. Op. cit.* p. 470-72.
[386] CARPIZO, Jorge. *Los principios jurídico-políticos fundamentales en la constitución mexicana.* Disponível em: https://archivos.juridicas.unam.mx/www/bjv/libros/7/3455/35.pdf. Acesso em: 9 jun. 2017. p. 14.
[387] FLORES, Julia Isabel *et al. Op. cit.* p. 473-474.
[388] Original: "Los senadores y diputados al Congreso de la Unión no podrán ser reelectos para el período inmediato. Los senadores y diputados suplentes podrán ser electos para

Só a partir dos anos 2000 os mexicanos começaram a discutir, de forma paulatina e sutil, mas consistente, a possiblidade de reeleição parlamentar, ancorados na profissionalização parlamentar e *accountability*.[389] Pesquisas realizadas mais recentemente passaram a indicar que os índices de aceitação da possiblidade de reeleição parlamentar cresceram no México (de 23% em 1998 a 40% em 2010), mas a irreelegibilidade, ao menos até 2010, ainda se apresentava como preferência majoritária do povo mexicano.[390]

Flores *et al.* esclareceram que os mexicanos eram contrários à reelegibilidade de, especialmente, três cargos: presidente da República, deputados federais e locais. A irreelegibilidade do presidente estaria vinculada às razões histórico-revolucionárias de sua inclusão na Constituição, enquanto nos casos dos deputados as razões estariam mais vinculadas à falta de credibilidade dos mandatários junto à população, bem como ao distanciamento entre eleitores e eleitos e o desconhecimento da maioria do povo acerca das funções e desempenhos do mandato parlamentar, o que não ocorreria com as autoridades municipais, pela maior proximidade com os eleitores e mais informações a respeito da atuação política dos eleitos.[391]

Em decorrência desses debates e do crescente aceite da reelegibilidade parlamentar pelo povo, uma reforma constitucional, datada de 10 de fevereiro de 2014, alterou o art. 59 da Constituição daquele país para possibilitar a reeleição imediata de deputados federais e senadores, em dispositivo que passou a viger com a seguinte redação:

> Art. 59 Os Senadores poderão ser eleitos por até dois períodos consecutivos e os Deputados ao Congresso da União por até quatro períodos consecutivos. O requerimento só poderá ser realizado pelo mesmo partido ou por qualquer dos partidos integrantes da coligação que houvera postulado, exceto se tiverem renunciado ou perdido sua militância antes da metade do seu mandato.[392]

---

el período inmediato con el carácter de propietarios, siempre que no hubieran estado en ejercicio; pero los senadores y diputados propietarios no podrán ser electos para el período inmediato con el carácter de suplentes." (FLORES, Julia Isabel *et al. Op. cit.* p. 473).

[389] FLORES, Julia Isabel *et al. Op. cit.* p. 469.
[390] FLORES, Julia Isabel *et al. Op. cit.* p. 470.
[391] FLORES, Julia Isabel *et al. Op. cit.* p. 477-478.
[392] Original: "Artículo 59. Los Senadores podrán ser electos hasta por dos periodos consecutivos y los Diputados al Congreso de la Unión hasta por cuatro periodos consecutivos. La postulación sólo podrá ser realizada por el mismo partido o por cualquiera de los partidos integrantes de la coalición que los hubieren postulado, salvo que hayan renunciado o perdido su militancia antes de la mitad de su mandato".

Em estudo ainda anterior à reforma constitucional de 2014, José Ramón López Rubí Calderón sintetiza os argumentos que posteriormente viriam a fundamentá-la:

> A reeleição fortaleceria o Congresso; possibilitaria, portanto, uma verdadeira divisão de poderes e a efetividade do sistema de freios e contrapesos; manteria a representação política pois a possibilidade e expectativa de reeleição – produto da ambição natural de políticos – obriga que o representante não se desvincule dos seus representados, já que, caso contrário, perderia o voto o sustentaria no cargo; estabeleceria um mecanismo de responsabilização, acompanhado por seu uso como um método de premiação ou punição por meio do voto; incentivaria e daria sentido à participação; contribuiria para a formação de uma cultura política democrática; levaria à profissionalização parlamentar e à especialização; daria continuidade aos projetos e elevaria sua qualidade; e favoreceria a descentralização ou uma centralização menos intensa no interior dos partidos.[393]

A possibilidade de maior intimidade na relação pós-eleitoral entre eleitor e eleito, o processo de responsabilização eleitoral do mandatário e a profissionalização também são os argumentos sustentados por Miguel Carbonell para defender a reelegibilidade parlamentar no caso mexicano.[394]

Conforme é possível observar, os argumentos favoráveis à irreelegibilidade no caso mexicano são semelhantes aos demais casos já estudados no presente livro. Em resistência a eles, Francisco José de Andrea Sánchez exprimiu o que entende por desvantagens da reeleição legislativa consecutiva, que também se assemelham aos já expostos nesta obra: perpetuação nociva das elites no poder, corrupção, impedimento da renovação das elites, debilitação da classe política, o mito da profissionalização e o favorecimento à formação de alianças e vínculos clientelistas entre representantes políticos e grupos de interesses.[395]

---

[393] Original: "La reelección fortalecería al Congreso; posibilitaría, por tanto, una verdadera división de poderes y la efectividad del sistema de pesos y contrapesos; mantendría a la representación política puesto que la posibilidad y expectativa de la reelección –producto de la ambición natural de los políticos– obliga a que el representante no se desvincule de sus representados ya que de lo contrario perdería el voto que lo sostendría en el puesto; establecería un mecanismo de rendición de cuentas, acompañado por su uso como método de premiación o castigo a través del voto; incentivaría y daría sentido a la participación; coadyuvaría a la formación de una cultura política democrática; llevaría a la carrera parlamentaria y a la especialización; otorgaría continuidad a los proyectos y elevaría su calidad; y favorecería la descentralización o una centralización menos intensa al interior de los partidos." (CALDERÓN, José Ramón López Rubí, *Op. cit.*).

[394] CARBONELL, Miguel. *Op. cit.* p. 4-5.

[395] ANDREA SÁNCHEZ, Francisco José de. *Reelección legislativa consecutiva: una iniciativa de reforma riesgosa*. Disponível em: https://revistas.juridicas.unam.mx/index.php/derecho-comparado/article/view/3709/4455. Acesso em: 10 jun. 2017.

A partir da ponderação objetiva dos prós e contras à irreelegibilidade, Jorge Fernández Ruiz vaticina que a República moderna, caracterizada pela renovação periódica da representação política, surgiu como forma de governo diametralmente oposta à monarquia, e que, por isso, levada ao extremo, postularia pela não reeleição de forma absoluta.[396] Esses argumentos serviriam tanto para o Poder Executivo quanto para o Legislativo, em que a reelegibilidade fomenta a inamovibilidade política, o aniquilamento deste poder e a partidocracia.[397] No entanto, o próprio autor faz importante advertência:

> O princípio absoluto da não reeleição não apenas impede de aproveitar a experiência dos legisladores – o que significa um grande desperdício econômico e político – mas também obstrui sua preparação para o desempenho do cargo e não incentiva o desempenho das tarefas que lhes são recomendadas.[398]

Flores *et al* detectaram, antes da reforma constitucional de 2014, a crescente corrente em favor da reeleição parlamentar. Ainda assim, mesmo naquele momento deixaram a ressalva:

> Mas o saldo dos estudos explorados nos deixa claro que há uma constante na percepção da importância de manter limitada e, em sendo o caso, proibida a reeleição, é importante e preferível, ainda que bons governantes não tenham outra oportunidade, a percepção de que é pior para o país e que se aplica a todos os níveis do aparelho de estado.[399]

Mesmo para Miguel Carbonell, para quem a irreelegibilidade (parlamentar) não possui justificação democrática, a introdução da reelegibilidade imediata seria conveniente para o sistema jurídico-político mexicano, mas de maneira limitada.[400] Isto porque, assenta Pedro Fernández Barbadillo, "a democracia às vezes deve adotar medidas antidemocráticas para se preservar".[401]

---

[396] RUIZ, Jorge Fernández. *Reeleição dos legisladores no México*. Op. cit. p. 401.
[397] RUIZ, Jorge Fernández. La reelección en el régimen presidencial mexicano. *In*: SANTANO, Ana Cláudia; SALGADO, Eneida Desiree. *Direito eleitoral*: debates ibero-americanos/ compilação. Curitiba: Íthala, 2014. p. 243-256. p. 255.
[398] RUIZ, Jorge Fernández. *Reeleição dos legisladores no México*. Op. cit. p. 401.
[399] Original: "Pero el saldo de los estudios explorados nos deja claro que existe una constante en la percepción de la importancia de mantener limitada y, en su caso, prohibida la reelección, es importante y preferible aunque los buenos gobernantes no tengan otra oportunidad, la percepción de que es mala para el país y eso aplica a todos los niveles del aparato estatal." (FLORES, Julia Isabel *et al*. Op. cit. p. 489).
[400] CARBONELL, Miguel. Op. cit. p. 10.
[401] Original: "la democracia a veces debe adoptar reglas antidemocráticas para preservarse". (BARBADILLO, Pedro Fernández. *Las vicisitudes del principio de no reelección en México*.

Observamos, então, um caminho consistente e majoritário na doutrina mexicana. Trata-se de uma solução diferente das opções extremas (reelegibilidade e/ou irreelegibilidade absoluta), ou seja, alternativas intermediárias que busquem conciliar as soluções contrárias.[402]

Universitat de València: Departamento de Derecho Constitucional y Ciencia Política y de la Administración, 2009. Disponível em: https://dialnet.unirioja.es/servlet/articulo?codigo=3903142. Acesso em: 10 jun. 2017. p. 89).

[402] Duas das medidas alternativas seriam a reeleição alternada, com a possibilidade de reeleição não imediata – mas possibilitando um retorno posterior ao cargo –, e a reeleição limitada, possibilitando a reeleição imediata por alguns mandatos, mas não de maneira perpétua. RUIZ, Jorge Fernández. *Reeleição dos legisladores no México. Op. cit.* p. 402.

CONCLUSÕES

Cada um dos capítulos deste livro fornece, individualmente, conclusões que convergem para a nossa conclusão final.

Através de pesquisas sobre o comportamento parlamentar, identificamos que a ambição de permanecer no cargo é o padrão dominante para os deputados federais brasileiros, no que não divergem dos demais parlamentares objeto desses mesmos estudos em outros países.

Os dados comprovam que, desde as eleições em 1950 até as mais atuais (mesmo a de 2018, com características absolutamente peculiares em razão do momento político que ocasionou a eleição de Jair Bolsonaro), cerca de 70% dos deputados federais que buscaram sua reeleição lograram êxito no intento. Este percentual é basicamente o mesmo atingido por prefeitos e governadores que, estando no cargo, buscam se reeleger.

Não obstante a ambição parlamentar estática seja, além de regra, aceita nos países em que também se realizam essas pesquisas, como por exemplo nos Estados Unidos, o caso brasileiro tem despertado a atenção da Ciência Política.

Isto porque a principal ferramenta utilizada pelo nosso político atual para lograr êxito nas campanhas que visam sua reeleição é a distribuição do capital político já disponível na Câmara dos Deputados, o que se batizou de clientelismo moderno. As malsinadas práticas coronelistas tradicionais se enraizaram na política brasileira, tendo sido apenas formalmente substituídas pela institucionalização da patronagem, o que se agravou com a constitucionalização das emendas impositivas a partir das Emendas Constitucionais nºs 86/2015, 100/2019 e 105/2019.

Para colocar em prática o distributivismo que alimenta seu eleitorado, o deputado federal precisa negociar em duas frentes. De um lado, o parlamentar relega a segundo plano sua atividade legislativa, transferindo-a para o presidente da República, que detém os maiores índices de iniciativa de projeto de lei; no entanto, a Presidência precisa de um grupo de parlamentares suficientes para a implementação das suas políticas. Aí vem o outro lado da moeda: os parlamentares, em troca de apoiar politicamente o Poder Executivo, exigem verbas, obras e cargos à disposição deste poder para beneficiar seu grupo eleitoral ou outro que pretenda conquistar.

Embora alguns estudiosos empenhem-se no papel de aferir qual poder (Executivo ou Legislativo) saia mais fortalecido do referido processo, isso não parece ter relevância para os fins deste estudo. Quando se fala de distributivismo de verbas (sejam elas autorizativas ou impositivas), obras e cargos públicos para fins de êxito eleitoral, estando mais fortalecidos ou enfraquecidos, os parlamentares têm, em regra, conseguido atingir seus objetivos de renovação do mandato.

As consequências dessas práticas são sintomáticas: não há, no Brasil, nenhuma atividade "profissional" mais vantajosa para um candidato do que estar no efetivo exercício de um mandato para o qual pretende se recandidatar – aqui é importante destacar que a Ciência Política chega a essa mesma conclusão em relação aos cargos do Poder Executivo e do Poder Legislativo. A essa tendência de reelegibilidade não existem diferenças significativas em relação a deputados federais de partidos políticos e/ou correntes ideológicas distintas – os partidos preservam o padrão.

A leitura constitucional deste fenômeno político permite visualizar que o distributivismo está afetando o cerne das disputas para a Câmara dos Deputados. Dos cinco princípios constitucionais estruturantes do Direito Eleitoral abordados por Eneida Desiree Salgado, ao menos esses quatro têm sido de alguma maneira afetados negativamente: (i) princípio constitucional da autenticidade eleitoral; (ii) princípio constitucional da liberdade para o exercício do mandato; (iii) princípio constitucional da necessária participação das minorias no debate público e nas instituições políticas; e (iv) princípio constitucional da máxima igualdade na disputa eleitoral.

De forma sucinta, autêntica é a eleição livre de vícios, fraudes, abusos, que a influenciem direta ou indiretamente. O mandato livre é o exercido pelo parlamentar de acordo com sua própria consciência, desde que em benefício da coletividade – não de interesses privados ou particulares, ainda que de grupos individualmente considerados. Além disso, só há participação democrática das minorias nas instituições políticas quando elas participam do debate em pé de igualdade; e esta participação deve ser de fato e de direito. E só há igualdade na corrida eleitoral quando nenhum dos concorrentes larga na frente do outro por agregar consigo fatores indesejáveis ao processo. Trata-se, portanto, de democracia inclusiva, de inclusão democrática.

Esses princípios são a tradução eleitoral dos princípios constitucionais democrático e republicano; através deles, o Direito Constitucional revela para o Direito Eleitoral as escolhas plasmadas na Constituição da República como resultado da resistência do nosso povo contra períodos autoritários de concentração de poder político que experimentamos e para os quais decidimos, de maneira livre e revolucionária, não retornar. A esses valores democráticos deve-se destinar a mais incansável defesa, pois são, eles próprios, o escudo contra a influência de desvios e abusos do poder político.

O diabo, por isso, não é tão feio quanto se pinta. Há remédio: o constitucionalismo democrático.

O diagnóstico de patrimonialismo a que chegamos é, por assim dizer, natural; estudiosos já advertiram que o desejo de poder só tem uma acomodação: o desejo de mais poder. Em Estados democráticos, impõe-se o controle em suas duas dimensões face as atitudes desviantes: o controle que funda o poder, dando as condições de existência de uma comunidade política democraticamente legitimada, e o controle que garante, periodicamente, a vontade política originária através da adequação constante do exercício do poder.

O processo eleitoral se apresenta, assim, como relevante meio de controle. Por um lado, as eleições periódicas refundam nossas escolhas políticas; e, por outro, quando as atitudes desviantes do poder passam pelo filtro de um processo eleitoral livre de influências indesejáveis, exsurge o poder originariamente instituído. Esse talvez seja o principal fundamento para afirmar que o processo eleitoral democrático – e, consequentemente, sua defesa – não se satisfaz com o formalismo de tantas quantas forem as candidaturas pretendidas e do voto secreto e igualitário matematicamente considerado. A democracia exige mais; e, embora não creiamos que algum país seja uma democracia completamente isenta de qualquer mácula, é possível ser mais democrático, mais inclusivo, no nosso processo eleitoral.

Estudos sobre a relevância do processo eleitoral apontam como fundamentos para a reelegibilidade: a efetividade do sufrágio, o incentivo à relação próxima entre eleitor e eleito, a profissionalização dos parlamentares, o reforço do parlamento e a *accountability*. Este ideal, contudo, não vem sendo atingido no Brasil; praticamente todos os fundamentos pró-reelegibilidade são, em nossa realidade, no mínimo inconsistentes: a irreelegibilidade serve ao sufrágio efetivo (em suas formas ativa e passiva) muito mais como proteção do que como ataque – trata-se de beneficiar a coletividade em detrimento de uns, especialmente por estes já terem experimentado o exercício do poder político decorrente do mandato eletivo; em regra, não há relação eleitor-eleito, senão aquela fomentada pela *accountability* do mal; sabendo disso, os deputados federais não utilizam da sua profissionalização para fortalecer o parlamento, mas para articular as forças necessárias para lograr êxito na eleição seguinte.

Não encaramos a irreelegibilidade parlamentar como única solução para as denunciadas distorções, desvios e abusos de poder político intracâmara. De igual modo, não enxergamos na reelegibilidade todos os benefícios teoricamente enumerados – a prática, aliás, se mostra distante da teoria; além disso, como exposto por Ana Cláudia Santano, "não há, dentro de um contexto democrático, detentores perpétuos do poder, ou titulares insubstituíveis".[403]

A irreelegibilidade parlamentar se presta, muito mais, à oxigenação das cadeiras do parlamento – permitindo que novos atores tenham acesso aos meios efetivos de tomada de decisão política; ao arrefecimento do caráter particularista das campanhas, em prol do fortalecimento dos partidos políticos e de mandatos mais voltados a políticas universalistas/nacionalistas; ao fomento de eleições cada vez mais livres, protegidas da *accountability* do mal.

Ainda é importante destacar, contudo, que, cientes dos benefícios que a continuidade (e não o continuísmo) tem a nos oferecer, não militamos em prol da irreelegibilidade imediata-absoluta. Tal qual a evolução do pensamento histórico-político mexicano, o meio termo parece ser o melhor caminho.

Trata-se de assumir e aceitar as inconsistências do nosso processo eleitoral, dando novas oportunidades a eleitores e eleitos através da possibilidade limitada de renovação, sem, contudo, deixar de aplicar o controle necessário, devidamente fundamentado no fato de que, por mais qualificado que seja o parlamentar, ele não será o único capaz de representar democraticamente os anseios da sociedade.

Objetivamente, portanto, o primeiro capítulo apresenta uma situação fático-política; o segundo demonstra sua gravidade; e o terceiro a necessidade e uma forma de controlá-la.

A conquista de um processo eleitoral efetivamente democrático passa por inúmeros fatores, quiçá o mais importante deles seja a

---

[403] SANTANO, Ana Cláudia. *Op. cit.* p. 432.

democratização da educação cívica. Mas vivenciar a democracia, respeitar as instituições republicanas e fomentar a livre e consciente participação do povo no processo eleitoral, votando ou sendo votado, também são meios para atingir a periódica refundação da vontade constitucional de 1988. Enquanto caminhamos por esta longa estrada, no entanto, apresentamos uma proposta concreta de controle de poder político, mesmo que não seja a única e talvez não suficiente em si; além de apresentar a relevância do instituto da (ir)reelegibilidade, também buscamos contribuir na compreensão do curso do poder político na Câmara dos Deputados, das suas influências eleitorais e do porquê de controlá-lo.

O que deve importar e prevalecer da nossa história constitucional não são as deficiências, mas saber que em 1988 o povo estabeleceu, formalmente, toda a nossa substância política em um documento com princípios e valores aptos a controlar o exercício desviante o poder: a Constituição da República; se o nosso momento revolucionário e instituinte de poder deve, periódica e constantemente, ser refundado, devemos saber de onde viemos e onde estamos para agirmos em sua defesa.

REFERÊNCIAS

AMES, Barry. *Os entraves da democracia no Brasil*. Rio de Janeiro: Editora FGV, 2003.

ANDREA SÁNCHEZ, Francisco José de. *Reelección legislativa consecutiva*: una iniciativa de reforma riesgosa. Disponível em: https://revistas.juridicas.unam.mx/index.php/derecho-comparado/article/view/3709/4555. Acesso em: 10 jun. 2017.

ARAGÓN, Manuel. El Control como elemento inseparable del concepto de Constitución. *Revista Española de Derecho Constitucional*, Madrid, v. 19, n. 7, p. 52, abr. 1987.

ARAGÓN, Manuel. La eficacia jurídica del principio democrático. *Revista Española de Derecho Constitucional*, Madrid, ano 8, v. 24, p. 9-45, sep./dec. 1985.

AVENDAÑO, Octavio. De la autonomia del mandato a la rendición de cuentas. Un alcance conceptual a los mecanismos de representación democrática. *Revista de sociología*, Facultad de Ciencias Sociales: Universidad de Chile, n. 22, p. 93-116, 2008.

BAPTISTA, Fernando Pavan. O Direito das Minorias na Democracia Participativa. *Prisma Jurídico*, São Paulo, v. II, p. 195-205, 2003.

BARACHO, José Alfredo de Oliveira. A Teoria Geral do Direito Eleitoral e seus reflexos no Direito Eleitoral brasileiro. *Estudos Eleitorais*, Brasília, DF, v. 1, n. 1, p. 23-80, jan./abr. 1997.

BARROSO, Luís Roberto. *O novo direito constitucional brasileiro*: contribuições para a construção teórica e prática da jurisdição constitucional no Brasil. 3. reimpr. Belo Horizonte: Fórum, 2014.

BERCOVICI, Gilberto. A origem do sistema eleitoral proporcional no Brasil. *In*: FURTADO COÊLHO, Marcus Vinícius; AGRA, Walber de Moura (coord.). *Direito eleitoral e democracia*: desafios e perspectivas. Brasília: OAB, Conselho Federal, 2010.

BIELSCHOWSKY, Raoni Macedo. *Democracia constitucional*. São Paulo: Saraiva, 2013.

BIJOS, Danilo. Representação política e accountability na teia das relações federativas. *Revista Aurora*, Marília, v. 5, n. 2, p. 81-100, jan./jun. 2012.

BIM, Eduardo Fortunato. O polimorfismo do abuso de poder no processo eleitoral: o mito de Proteu. *Revista de Direito Administrativo*, Rio de Janeiro, v. 230, p. 113-140.

BOBBIO, Norberto. *O futuro da democracia*. Trad. Marco Aurélio Nogueira. 13. ed. São Paulo: Paz e Terra, 2015.

BOLOGNESI, Bruno. A seleção de candidaturas no DEM, PMDB, PSDB e PT nas eleições legislativas federais brasileiras de 2010: percepções dos candidatos sobre a formação das listas. *Revista de Sociologia e Política*, v. 21, n. 46: 45-68, jun. 2013. Disponível em: www.scielo.br/pdf/rsocp/v21n46/04.pdf. Acesso em: 1 maio 2016.

BONAVIDES, Paulo. *Ciência política*. 10. ed. rev. e atual. São Paulo: Malheiros, 2003.

BONAVIDES, Paulo. *Curso de direito constitucional*. 24. ed. atual. e ampl. São Paulo: Malheiros, 2009.

BOTERO, Felipe; RENNO, Lucio R. Career choice and legislative reelection: evidence from Brazil and Colombia. Braz. *Political Sci. Rev. (Online)*, Rio de Janeiro, v. 1, selected edition, 2007. Disponívl em: http://socialsciences.scielo.org/scielo.php?script=sci_arttex t&pid=S1981-38212007000100001. Acesso em: 29 abr. 2016.

BRASIL. Câmara dos Deputados. *Câmara tem 243 deputados novos e renovação de 47,3%.* Disponível em: https://www.camara.leg.br/noticias/545896-camara-tem-243-deputados-novos-e-renovacao-de-473/. Acesso em: 28 nov. 2021.

BRASIL. Câmara dos Deputados. Índice *de renovação de parlamentares na Câmara chega a 43,7%.* Disponível em: http://www2.camara.leg.br/camaranoticias/noticias/ POLITICA/475450-INDICE-DE-RENOVACAO-DE-PARLAMENTARES-NA-CAMARA-CHEGA-A-43,7.html. Acesso em: 20 jul. 2017.

BRASIL. Lei nº 9.504/1997. Estabelece normas para as eleições. Disponível em: http:// www.planalto.gov.br/ccivil_03/leis/L9504.htm. Acesso em: 3 abr. 2017.

BURKE, Edmund. *Speech to the Electors of Bristol.* Disponível em: http://press-pubs. uchicago.edu/founders/documents/v1ch13s7.html. Acesso em: 25 maio 2017.

CALDERÓN, José Ramón López Rubí. Reflexiones sobre el Poder Legislativo en el contexto del cambio político mexicano. *Revista del Instituto Electoral del Estado de México*, Apuntes Electorales, n. 18, p. 31-49, 2004, p. 40. Disponível em: http://aelectorales.ieem. org.mx/index.php/ae/article/view/503/482. Acesso em: 10 jun. 2017.

CAMPOS, Adriana; OLIVEIRA, Igor Bruno Silva de. O gasto de publicidade institucional no ano eleitoral e os limites impostos pela Lei nº 9.504/1997. *Estudos eleitorais*, v. 9, p. 10-29, 2014. p. 15.

CAMPOS, Adriana; SANTOS, Poliana Pereira dos. O princípio da fidelidade partidária e a possibilidade de perda de mandato por sua violação: uma análise segundo a jurisprudência do Supremo Tribunal Federal. *Revista do Instituto de Hermenêutica Jurídica – RIHJ*, Belo Horizonte, ano 11, n. 14, p. 13-34, jul./dez. 2013. Disponível em: http:// www.editoraforum.com.br/ef/wp-content/uploads/2014/07/O-principio-da-fidelidade-partidaria.pdf. Acesso em: 8 jun. 2017.

CAMPOS, Adriana; SANTOS, Poliana Pereira dos. Participação política feminina e a regulamentação legal das cotas de gênero no Brasil: breve análise das eleições havidas entre 1990 e 2014. *In:* OLIVEIRA, Armando Albuquerque de; MORAES FILHO, José Filomeno de; CAMPOS, Adriana (coord.). *Teorias da democracia e direitos políticos.* Disponível em: http://www.conpedi.org.br/publicacoes/66fsl345/0wgz69fe/ YQ8Bx03xH12IjKG0.pdf. Acesso em: 16 jul. 2016.

CANOTILHO, José Joaquim Gomes. *Direito Constitucional e Teoria da Constituição*. 7. ed. Coimbra: Almedina, 2003.

CARBONELL, Miguel. *Hacia um Congreso profesional:* la no reelección legislativa em México. Disponível em: http://www.diputados.gob.mx/biblioteca/bibdig/camdip/ congreso.pdf. Acesso em: 10 jun. 2017.

CARPIZO, Jorge. *Los principios jurídico-políticos fundamentales en la constitución mexicana.* Disponível em: https://archivos.juridicas.unam.mx/www/bjv/libros/7/3455/35.pdf. Acesso em: 9 jun. 2017.

CARVALHO FILHO, José dos Santos. *Manual de direito administrativo.* 23. ed. rev. ampl. e atual. Rio de Janeiro: Lumen Juris, 2010.

REFERÊNCIAS

CARVALHO NETO, Tarcisio Vieira de. O princípio da alternância no regime democrático. *Revista de Informação Legislativa*, Brasília, Senado Federal, ano 49, n. 196, p. 165-182, out./dez. 2012.

CASTRO, Mônica Mata Machado de; ANASTASIA, Fátima; NUNES, Felipe. Determinantes do comportamento particularista de legisladores estaduais brasileiros. *Dados*, Rio de Janeiro, v. 52, n. 4, p. 961-1001, 2009. Disponível em http://www.scielo.br/pdf/dados/v52n4/v52n4a05.pdf. Acesso em: 30 mar. 2016.

CLÈVE, Clèmerson Merlin; LORENZETTO, Bruno Meneses. *Governo democrático e jurisdição constitucional*. Belo Horizonte: Fórum, 2016.

COELHO, Inocêncio Mártires. Apresentação. *In*: GRIMM, Dieter. *Constituição e política*. Belo Horizonte: Del Rey, 2006.

COMPARATO, Fábio Konder. Sentido e Alcance do Processo Eleitoral no Regime Democrático. *Revista Estudos Avançados*, São Paulo, n. 38, p. 307-320, 2000.

COSTA, Adriano Soares da. *Instituições de direito eleitoral*. 9. ed. rev. ampl. e atual. Belo Horizonte: Fórum, 2013.

CUNOW, Saul *et al*. Reelection and Legislative Power: surprising results from Brazil. *Legislative Studies Quarterly*, v. 37, p. 533-558, 2012.

DAHL, Robert Alan. *Sobre a democracia*. Trad. Beatriz Sidou. Brasília: Editora Universidade de Brasília, 2001.

EMERIQUE, Lilian Márcia Balmant. *O direito de oposição política no estado democrático de direito*. Disponível em: http://www.publicadireito.com.br/conpedi/manaus/arquivos/anais/recife/politica_lilian_emerique.pdf. Acesso em: 28 mar. 2017.

ESPÍNDOLA, Ruy Samuel. *Democracia, Constituição e princípios constitucionais*: notas de reflexão crítica no âmbito do direito constitucional brasileiro. Disponível em: http://www.tre-sc.jus.br/site/resenha-eleitoral/revista-tecnica/edicoes-impressas/integra/2012/06/democracia-constituicao-e-principios-constitucionais-notas-de-reflexao-critica-no-ambito-do-direito-constitucional-brasileiro/indexc692.html?no_cache=1&cHash=b7bf79b129bc42f148fe4b5e477aa8bf. Acesso em: 31 maio 2017.

FLORES, Julia Isabel *et al. Reelección y democracia:* cambios en los valores de la población. Disponível em: https://revistas.juridicas.unam.mx/index.php/derecho-electoral/article/viewFile/9997/12025. Acesso em: 7 jun. 2017.

FOLLY, Felipe Bley. Participação popular na Teoria Constitucional: concretização (e superação?) da Constituição. *In*: CLÈVE, Clèmerson Merlin (coord.). *Constituição, democracia e justiça: aportes para um constitucionalismo igualitário*. Belo Horizonte: Fórum, 2011. p. 225-239.

FREYRE, Gilberto. *Casa grande e senzala*. São Paulo: Ed. Círculo do Livro, 1990.

FRIEDRICH, Carl. *Constitutional Government and Democracy:* Theory and Practice in Europe and America. New Delhi: Oxford&IBH, 1966.

FRIEDRICH, Carl; BRZEZINSKI, Zbigniew. *Totalitarian Dictatorship and Autocracy*. 2. ed. Nova Iorque: Frederick A. Praegers, 1956.

GARGARELA, Roberto. *El derecho a la protesta social*. Disponível em: http://www.derechoyhumanidades.uchile.cl/index.php/RDH/article/view/16204/16744. Acesso em: 30 mar. 2017.

GONZÁLEZ, Juan Carlos Muciño. No-reelección legislativa: la responsabilidad política invertida. *Revista del Instituto Electoral del Estado de México*, Apuntes Electorales, n. 18, p. 17-30, 2004, p. 27. Disponível em: http://aelectorales.ieem.org.mx/index.php/ae/article/view/502/481. Acesso em: 10 jun. 2017.

GRAHAM, Richard. *Clientelismo e política no Brasil do século XIX*. Rio de Janeiro: Editora UFRJ, 1997.

GRIMM, Dieter. *Constituição e política*. Belo Horizonte: Del Rey, 2006.

HOLANDA, Sérgio Buarque de. *Raízes do Brasil*. 26. ed. São Paulo: Companhia das Letras, 2002.

HORTA, José Luiz Borges. *História do Estado de Direito*. Belo Horizonte: Alameda Casa Editorial, 2010.

HUALDE, Alejandro Pérez. Reeleição na democracia argentina. *In*: SANTANO, Ana Cláudia (coord.). *Reeleição presidencial nos sistemas políticos das Américas*. Curitiba: Íthala, 2015. p. 19-46.

KLEIN, Cristian. *O desafio da reforma política – consequências dos sistemas eleitorais de listas abertas e fechadas*. Rio de Janeiro: Mauad X, 2007.

LAGO, Ivann Carlos; ROTTA, Edemar. Conexão eleitoral e reeleição entre deputados federais do sul do Brasil / 1998-2010. *Rev. Sociol. Polit.*, Curitiba, v. 22, n. 49, p. 139-156, mar. 2014. Disponível em: www.scielo.br/pdf/rsocp/v22n49/08.pdf. Acesso em: 3 abr. 2016.

LEAL, Vitor Nunes. *Coronelismo, enxada e voto*. Rio de Janeiro: Nova Fronteira, 1997.

LEMOS, Leany Barreiro de S. O Congresso Brasileiro e a distribuição de benefícios sociais no período 1988-1994: uma análise distributivista. *Dados*, Rio de Janeiro, v. 44, n. 3, p. 561-630, 2001. Disponível em: www.scielo.br/pdf/dados/v44n3/a04v44n3.pdf. Acesso em: 3 maio 2016.

LEONI, Eduardo. Ideologia, democracia e comportamento parlamentar: a Câmara dos Deputados (1991-1998). *Dados – Revista de Ciências Sociais*, Rio de Janeiro, vol. 45, n. 3, p. 361-386, 2002. Disponível em: http://www.scielo.br/pdf/dados/v45n3/a02v45n3.pdf. Acesso em: 7 abr. 2016.

LEONI, Eduardo; PEREIRA, Carlos; RENNO, Lúcio. Estratégias para sobreviver politicamente: escolhas de carreiras na Câmara de Deputados do Brasil. *Opin. Publica*, Campinas, v. 9, n. 1, p. 44-67. Disponível em: http://www.scielo.br/scielo.php?script=sci_arttext&pid=S0104-62762003000100002. Acesso em: 27 abr. 2016.

LIMA, Eduardo Martins; VIANA, Priscila Ramos Netto. As relações entre o executivo e o legislativo na elaboração do orçamento brasileiro: considerações sobre a emenda constitucional 86/2015. *Revista de Direito Tributário e Financeiro*, v. 2, n. 2, p. 199-220, jul./dez. 2016. Disponível em: http://www.indexlaw.org/index.php/direitotributario/article/view/1368/pdf. Acesso em: 30 nov. 2021.

LOEWENSTEIN, Karl. *Teoría de la Constitución*. Barcelona: Ariel, 1979.

MELO, Carlos Ranulfo. As instituições políticas brasileiras funcionam? *Rev. Sociol. Polit.*, Curitiba, n. 25, p. 199-203, nov. 2005. Disponível em: http://www.scielo.br/scielo.php?script=sci_arttext&pid=S0104-44782005000200015. Acesso em: 28 abr. 2016.

MENDONÇA, Eduardo. O falso orçamento impositivo: A institucionalização do patrimonialismo. *Justiça se Escreve com JOTA*, fev. 2015. Coluna Constituição e Sociedade. Disponível em: https://jota.info/colunas/constituicao-esociedade/constituicao-e-sociedade-o-falso-orcamentoimpositivo- 18022015. Acesso em: 30 nov. 2021.

MEYER, Lorenzo. La Revolución Mexicana y sus elecciones presidenciales, 1911-1940. *In*: GONZÁLEZ CASANOVA, Pablo (coord.), *Las elecciones en México:* evolución y prespectivas. México: Siglo XXI, 1985. p. 69-99.

MEZZAROBA, Orides. A democracia representativa partidária brasileira: a necessidade de se (re)pensar o conceito de povo como ator político. *Paraná Eleitoral*, v. 1 n.1 p. 41-48, 2012.

MIGUEL, Luis Felipe. *Accountability* em listas abertas. *Rev. Sociol. Polit.*, Curitiba, v. 18, n. 37, p. 183-200.

MUÑOZ, Óscar Sánchez. La igualdad de oportunidades en la competicion electoral. *In*: SANTANO, Ana Cláudia; SALGADO, Eneida Desiree. *Direito eleitoral*: debates iberoamericanos / compilação. Curitiba: Íthala, 2014.

NAY, Olivier. *História das ideias políticas*. Trad. Jaime A. Clasen. Petrópolis: Vozes, 2007.

NICOLAU, Jairo. Como Controlar o Representante? Considerações sobre as Eleições para a Câmara dos Deputados no Brasil. *Dados*, Rio de Janeiro, v. 45, n. 2, p. 219-236, 2002. Disponível em: http://www.scielo.br/scielo.php?script=sci_arttext&pid =S0011-52582002000200002. Acesso em: 23 mar. 2016.

NICOLAU, Jairo. O sistema eleitoral de lista aberta no Brasil. *Dados*, Rio de Janeiro, v. 49, n. 4, p. 689-720, 2006. Disponível em: http://www.scielo.br/pdf/dados/v49n4/02.pdf. Acesso em: 3 jun. 2017.

NOHLEN, Dieter. *Instituciones políticas en su contexto:* las virtudes del método comparativo. Santa Fé: Rubinzal-Culzoni, 2007.

O GLOBO. *Maioria dos políticos em cargos executivos conseguiu se reeleger no país*. Disponível em: http://oglobo.globo.com/brasil/maioria-dos-politicos-em-cargos-executivos-conseguiu-se-reeleger-no-pais-16372095. Acesso em: 29 abr. 2016.

OYARTE, Rafael. Reeleição presidencial no Equador. *In*: SANTANO, Ana Cláudia (coord.). *Reeleição presidencial nos sistemas políticos das Américas*. Curitiba: Íthala, 2015. p. 129-146.

PARANHOS, R.; SILVA JUNIOR, J. A.; FIGUEIREDO FILHO, D. B.; ROCHA, E. C. de. ONDE OS FRACOS NÃO TEM VEZ. Reeleição parlamentar no Brasil (1994-2010). In: *IX ENCONTRO ABPC*. 2014, Brasília-DF. Anais Eletrônico – IX ENCONTRO ABCP, 2014. p. 1-28.

PEREIRA, Carlos; MUELLER, Bernardo. Comportamento Estratégico em Presidencialismo de Coalizão: as relações entre Executivo e Legislativo na elaboração do orçamento brasileiro. *Dados*, Rio de Janeiro, v. 45, n. 2, p. 265-301, 2002. Disponível em: http://www.scielo.br/pdf/dados/v45n2/10789.pdf. Acesso em: 2 maio 2016.

PEREIRA, Carlos; RENNO, Lucio. O que é que o reeleito tem? Dinâmicas político-institucionais locais e nacionais nas eleições de 1998 para a Câmara dos Deputados. *Dados* [on-line], vol. 44, n. 2, p. 133-172, 2001. Disponível em: http://www.scielo.br/scielo. php?script=sci_arttext&pid=S0011-52582001000200004. Acesso em: 8 mar. 2016.

PEREIRA, Carlos; RENNO, Lucio. O que é que o reeleito tem? O retorno: o esboço de uma teoria da reeleição no Brasil. *Rev. Econ. Polit.* [on-line], vol. 27, n. 4, p. 664-683, 2007. ISSN 1809-4538. Disponível em: http://dx.doi.org/10.1590/S0101-31572007000400010. Acesso em: 15 mar. 2016.

PEREIRA, Rodolfo Viana. *Compreensão e constituição:* a interpretação constitucional após o giro hermenêutico. Dissertação. UFMG: Belo Horizonte, 2001.

PEREIRA, Rodolfo Viana. *Direito Constitucional Democrático:* controle e participação como elementos fundantes e garantidores da constitucionalidade. 2. ed. Rio de Janeiro: Lumen Juris, 2010.

PERISSINOTTO, Renato Monseff; MIRÍADE, Angel. Caminhos para o parlamento: candidatos e eleitos nas eleições para deputado federal em 2006. *Dados,* Rio de Janeiro, v. 52, n. 2, p. 301-333, June 2009. Disponível em: http://www.scielo.br/scielo.php?script=sci_arttext&pid=S0011-52582009000200002&lng=en&nrm=iso. Acesso em: 19 mar. 2016.

PRZEWORSKI, Adam *et al. O que mantém as democracias?* Disponível em: http://www.scielo.br/pdf/ln/n40-41/a06n4041.pdf. Acesso em: 28 mar. 2017.

QUEIROZ, Antônio Augusto de (coord.). *Os "Cabeças" do Congresso Nacional:* uma pesquisa sobre os 100 parlamentares mais influentes. 28. ed. Brasília: Diap, 2021.

REALE, Miguel. O sistema de representação proporcional e o regime presidencial brasileiro. *Estudos Eleitorais*, Brasília, v. 1, p. 101-135, jan./abr. 1997.

RIBEIRO, Fávila. *Abuso de poder no direito eleitoral.* Rio de Janeiro: Forense, 1998.

RIBEIRO, Fávila. *Pressupostos constitucionais do Direito Eleitoral:* no caminho da sociedade participativa. Porto Alegre: Sérgio Antônio Fabris Editor, 1990.

ROCHA, Cármen Lúcia Antunes. *O processo eleitoral como instrumento para a democracia.* Disponível em: http://www.tre-sc.jus.br/site/resenha-eleitoral/revista-tecnica/edicoes-impressas/integra/2012/06/o-processo-eleitoral-como-instrumento-para-a-democracia/index49ea.html?no_cache=1&cHash=ff561b25fe4f395adf3f064a96fe90a1. Acesso em: 21 maio 2017.

RUIZ, Jorge Fernández. La reelección en el régimen presidencial mexicano. *In:* SANTANO, Ana Cláudia; SALGADO, Eneida Desiree. *Direito eleitoral:* debates ibero-americanos/compilação. Curitiba: Íthala, 2014. p. 243-256.

RUIZ, Jorge Fernández. Reeleição dos legisladores no México. *In:* SANTANO, Ana Cláudia (coord.). *Reeleição presidencial nos sistemas políticos das Américas.* Curitiba: Íthala, 2015. p. 393-406.

SALGADO, Eneida Desiree. *Princípios constitucionais eleitorais.* Belo Horizonte: Fórum, 2010.

SALGADO, Eneida Desiree. *Princípios constitucionais estruturantes do direito eleitoral.* 2010. 356f. Tese (Doutorado em Direito) – Programa de Pós-Graduação em Direito, Universidade Federal do Paraná, Paraná. 2010.

SALGADO, Eneida Desiree; BERNARDELLI, Paula. A adoção da reeleição para o Poder Executivo no Brasil e suas incoerências com o sistema constitucional e eleitoral. *In:* SANTANO, Ana Cláudia (coord.). *Reeleição presidencial nos sistemas políticos das Américas.* Curitiba: Íthala, 2015. p. 97-111.

SANCHÍS, Luis Prieto. Notas sobre la interpretación constitucional. *Revista del Centro de Estudios Constitucionales*, Madrid, Centro de Estudios Constitucionales, n. 9, p. 176 *et seq.*, mayo/ago. 1991.

SANSEVERINO, Francisco de Assis Vieira. *O "uso da máquina pública" nas campanhas eleitorais:* condutas vedadas aos agentes públicos. Porto Alegre: Verbo Jurídico, 2008.

SANTANO, Ana Cláudia (coord.). *Reeleição presidencial nos sistemas políticos das Américas.* Curitiba: Íthala, 2015.

SANTANO, Ana Cláudia. Conclusões. *In:* SANTANO, Ana Cláudia (coord.). *Reeleição presidencial nos sistemas políticos das Américas.* Curitiba: Íthala, 2015. p. 431-438.

SANTANO, Ana Cláudia; SALGADO, Eneida Desiree. *Direito eleitoral*: debates ibero-americanos / compilação. Curitiba: Íthala, 2014.

SANTOS, Bruno Carazza dos. *Interesses econômicos, representação política e produção legislativa no Brasil sob a ótica do financiamento de campanhas eleitorais*. Tese (doutorado) – Universidade Federal de Minas Gerais, Faculdade de Direito, 2016.

SANTOS, Núbia Cristina Barbosa; GASPARINI, Carlos Eduardo. Orçamento Impositivo e Relação entre Poderes no Brasil. *Revista Brasileira de Ciência Política*, Brasília, n. 31, p. 339-396, jan./abr. 2020.

SANTOS, Polianna Pereira dos. *Transparência do voto e a regulamentação legal do sistema proporcional brasileiro*: accountability vertical e qualidade da democracia. 2016. 345f. Dissertação (Mestrado em Direito) – Programa de Pós-Graduação em Direito, Universidade Federal de Minas Gerais, Minas Gerais, 2016.

SARTORI, Giovanni. *Teoria da Representação no Estado representativo moderno*. Trad. Ernesta Gaetani e Rosa Gaetani. Belo Horizonte, Revista Brasileira de Estudos Políticos, 1962.

SILVA JÚNIOR, José Alexandre da. *Vença se for capaz: reeleição parlamentar, distritos eleitorais e partidos no Brasil*. 2013. Tese (Doutorado em Ciência Política) – Programa de Pós-graduação da Universidade Federal de Pernambuco.

SILVA JÚNIOR, José Alexandre da; PARANHOS, R.; FIGUEIREDO FILHO, D. B. DE QUE VALE SER INCUMBENT? A reeleição parlamentar no Brasil (1990-2014). *Política Hoje* (UFPE. Impresso). 2014.

SOUSA DE BARROS, Tarcísio Augusto; MEIRA, João Henrique Alves. Publicidade institucional no art. 73, VII, da Lei nº 9.504/1997: o passado, o presente e o porvir. *Revista Democrática*, v. 2. Cuiabá: Tribunal Regional Eleitoral de Mato Grosso, 2016. p. 183-213.

SOUSA DE BARROS, Tarcísio Augusto; VEYL, Raul Salvador Blasi. Constitucionalismo e judicialização na política: poder, controle e excesso. *Revista da Faculdade de Direito do Sul de Minas*, Pouso Alegre, v. 33, n. 1, p. 215-244, jan./jun. 2017.

SOUZA NETO, Cláudio Pereira de; SARMENTO, Daniel. *Direito constitucional*: teoria, história e métodos de trabalho. 2. ed. 3. reimpr. Belo Horizonte: Fórum, 2007.

SOUZA, Renato Barreto de. *Clientelismo e voto na Califórnia fluminense*. 28º Encontro Anual da Anpocs, Caxambu, 2004. CD Rom. Disponível em: http://portal.anpocs.org/portal/index.php?option=com_docman&task=doc_view&gid=4090&Itemid=319. Acesso em: 2 maio 2016.

SOUZA, Simone de; XAVIER, Rodrigo Silveira; ARRUDA, Alessandro Gustavo Souza. Orçamento Impositivo e Governança Pública: análise da excução das emendas impositivas no âmbito federal. In: *Encontro Internacional de Gestão, Desenvolvimento e Inovação*, 2020, Virtual. IV EIGEDIN 2020. Ed. Online. Campo Grande/MS: UFMS, 2020. v. 4. p. 1-6.

STRECK, Lenio Luiz; MORAIS, José Luis Bolzan de. *Ciência política e teoria do estado*. 8. ed. rev. e atual. Porto Alegre: Livraria do Advogado Editora, 2014.

TORELLY, Paulo Peretti. O princípio da isonomia (igualdade política). *Revista Direitos Fundamentais e Justiça*, n. 3, abr./jun. 2008.

VALENTE, Manoel Adam Lacayo. *Aplicabilidade da teoria do desvio de poder no controle da constitucionalidade de atos legislativos*: contornos, limites e superação pela teoria dos princípios. Disponível em: http://www2.senado.leg.br/bdsf/bitstream/handle/id/194923/000865586.pdf?sequence=3. Acesso em: 3 jun. 2017.

VARGAS, Alexis Galiás de Souza. *Princípios constitucionais de direito eleitoral*. 2009. 228f. Tese (Doutorado em Direito), Pontifícia Universidade Católica de São Paulo, São Paulo, 2009.

VELOSO, Giovana Rocha. *Clientelismo:* uma instituição política brasileira. 2006. 145f. Dissertação (Mestrado em Ciência Política) – Instituto de Ciência Política da Universidade de Brasília.

ZIPPELIUS, Reinhold. *Introdução ao estudo do direito*. Trad. Gercélia Batista de Oliveira Mendes. Belo Horizonte: Del Rey, 2006.

Esta obra foi composta em fonte Palatino Linotype, corpo 10
e impressa em papel Pólen Bold 70g (miolo) e Supremo 250g (capa)
pela Gráfica Formato.